초등학생을 위한 대화법

창의력
자신감
논리적인
커뮤니케이션

창의력 자신감 논리적인 커뮤니케이션
초등학생을 위한 대화법

발 행 | 2024년 10월 5일
구 성 | 인디나인
그 림 | 노희성
펴낸이 | 오동섭
펴낸곳 | 대일출판사
주 소 | 서울특별시 동대문구 하정로47(신설동) 4층 402호
전 화 | 02-766-2331
팩 스 | 02-745-7883
등 록 | 제 1-87호(1972. 10. 16.)
디자인 | 정글북

ISBN 89-7795-564-6 73800

이 책에 실린 글, 그림은 저작권자의 동의 없이 무단 전재나 복제를 할 수 없습니다.
잘못 만들어진 책은 구입하신 서점에서 바꿔 드립니다.

• 값은 뒤표지에 있습니다.

대일출판사는 아이와 같은 순수함으로 좋은 책을 만듭니다.
해맑은 아이의 웃음을 책에 담겠습니다.

초등학생을 위한 대화법

창의력
자신감
논리적인
커뮤니케이션

구성 인디나인 | 그림 노희성

대일출판사

초등학생을 위한 대화법

'어떡하면 우리 아이가 자신의 의견을 조리 있게 표현할 수 있을까?'
'어떡하면 우리 아이의 대화 능력을 키울 수 있을까?'

사회 생활을 할 때 논리적인 의사 소통이 무척 중합니다. 왜냐하면 사람은 언어로 상대와 대화를 하고, 느낌이나 생각을 전하면서 생활하고 있기 때문입니다.

그렇다면 '논리적인 의사 소통이란'이란 무엇입니까? 그것은 '논리적인 생각을 바탕으로 한 대화 방식'을 말합니다.

아이가 논리적인 의사 소통을 하려면 어릴 때부터 가정이나 학교에서 배우고 연습하고 익히면서 그 능력을 계속 향상시켜야 합니다. 다시 말해서 아이들에게 '언어 기술 교육'을 시켜야 한다는 말입니다. '언어 기술'이란 '언어를 조리 있게 구사하는데 필요한 기술'을 말합니다. 이 언어 기술 교육을 통해서 아이는 발표하는 기술, 설명하는 기술, 묘사하는 기술, 토론하는 기술, 보고하고 보고서를 쓰는 기술을 배우고 익힐 수 있습니다. 그러면 아이는 논리적으로 사고하고, 해석하고, 판단할 수 있게 발전에 발전을 거

듭할 수 있습니다.

  이 아이가 자라서 사회에 나갔을 때, 이렇게 익힌 언어 기술과 논리적인 의사소통 능력이 얼마나 큰 힘이 되는지는 두말할 필요가 없습니다.

  말과 글, 즉 언어는 축구와 같습니다. 축구를 잘 하려면 훌륭한 코치에게 지도를 받아야 합니다. 그러면서 열심히 연습하고 기술을 익혀야 합니다. 그러면 기술이 향상되어 훌륭한 축구 선수가 되겠지요? 마찬가지로 품위 있고 논리적인 언어를 쓰려면 열심히 연습하고 기술을 익혀야 합니다. 그래서 가정이나 학교, 사회에서 자신이 생각한 대로 언어를 구사할 수 있게 된다면 여

　러분은 사회 구성원들에게 인정받아 보다 풍요로운 사회 생활을 할 수 있게 될 것입니다.

　이 책은 '언어 기술'을 쉽게 익히고 연습할 수 있는 내용으로 꾸며져 있습니다. 그래서 자신의 생각을 상대에게 알기 쉽게 전달하고, 상대와 품위 있고 논리적인 의사 소통을 원하는 분들에게 큰 도움이 될 것입니다.

엮은이

 차례

1. 올바른 의사 소통을 하려면 14
2. 상대에게 요구할 때 18
3. 상대와 대화를 할 때 22
4. 상대의 질문에 대답할 때 26
5. 초대를 거절할 때 28
6. 사람을 가리킬 때 32
7. '모두'와 '나'를 선택해야할 때 34
8. 상대가 오해하지 않게 하려면 36
9. 자신의 의사 표시는 정확하게 40

10. 상대의 질문을 받았을 때 1 44

11. 상대의 질문을 받았을 때 2 48

12. '~같은'이라는 표현 52

13. 수량을 말할 때 56

14. '왜?'와 '어째서?' 60

15. 무엇을 결정해야 할 때 64

16. 육하 원칙(5W1H) 68

17. 정확한 대답을 듣고 싶다면 72

18. 자연스럽게 질문하고 대답하기 76

19. 대답은 명확하게 80

20. 자기 입장과 상대 입장 84

21. 대답할 때는 요점을 정해서 88

22. 나는 무엇이 될까요? 92

23. 이유를 설명하는 순서 96

24. 설득력 있는 대답 100

25. 무엇인가를 요구할 때 1 104

26. 무엇인가를 요구할 때 2 108

27. 대화할 때 끼어들지 말 것 112

28. '재미있다'와 '재미없다' 116

29. 사실과 의견의 차이 120

30. 자신의 의사 결정하기 124

31. 찬성과 반대 의견을 말할 때 128

32. 의견이 서로 다를 때 132

33. 전화 받을 때 136

34. 전화 걸 때 140

35. 발표할 때 144

36. 약속 장소 안내 148

37. 우리 집 길 안내 152

38. 설명할 때 1 - 책상 배치 156

39. 설명할 때 2 - 나들이 간식 160

40. 설명할 때 3 - 캠프 준비 164

41. 묘사할 때 1 - 사진틀 168

42. 묘사할 때 2 - 국기 172

43. 묘사할 때 3 - 분실물 176

44. 묘사할 때 4 - 친구의 옷차림 180

45. 수업 후에 한 일 보고하기 184

46. 박물관 견학 후 보고할 때 188

47. 여름 방학 여행 보고할 때 192

48. 긴급 연락 보고하기 196

49. 개인마다 다른 느낌과 생각 200

50. 시점 바꾸기 204

1 올바른 의사 소통을 하려면

　사람은 혼자 살 수 없습니다. 그래서 여럿이 공동체를 이루고 더불어 함께 살아갑니다. 공동체는 작게는 가정이고, 학교나 직장입니다. 우리는 이곳에서 서로 대화하면서 자신의 뜻을 전하고 다른 사람의 의견을 듣습니다. 길을 가다가 모르는 사람과 만나서 대화를 나누기도 합니다.

　이런 모든 대화의 기본은 인사입니다. 기분 좋게 인사하는 것은 즐거운 생활을 위한 기본입니다. 자칫 중요한 인사 한 마디를 소홀히 해서 인간 관계가 불편해지는 경우가 종종 있습니다. 인사란 내가 속한 사회에서 보다 더 원만하게 살아가기 위한 윤활유입니다.

　여러분, 이제부턴 언제 어디서든지 상대에게 상냥하게 인사하기로 해요, 알았죠?

　그런데 이런 때에는 어떻게 인사를 해야 할까요?

다른 사람과 부딪쳤을 때
학교에 지각하게 생겨 급하게 길을 가다 지나가던 사람과 어깨를 부딪쳤습니다. 서로 인상을 쓰고 화를 내기보다 정중하게 사과를 하고, 이해하고, 양보한다면 서로 상냥한 표정으로 지나갈 수 있을 것입니다.

죄송합니다. 어디 다친 곳은 없으세요?

 ## 친구 집에 놀러 갔을 때

민호 어머니, 안녕하세요?

어서 오너라. 재미있게 놀다 가렴.

고맙습니다.

민호 어머니, 잘 놀고 갑니다. 안녕히 계세요.

이렇게 연습하세요.
거리를 지날 때

죄송합니다.
먼저 지나가겠습니다.

바쁜 일이 있나 보구나.
그래, 먼저 가거라.

네, 고맙습니다.
그럼 실례하겠습니다.

생일 초대를 받았을 때

윤경아, 안녕?
초대해 줘서 정말 고마워.
생일 축하해.

고마워. 근영아, 우리
함께 즐겁게 놀자.

자, 받아.
선물이야.

고마워. 이리 와.
엄마가 맛있는 케이크를
마련해 주셨어.
같이 먹자.

인사할 때,

'이렇게 인사하면 저 아이가 웃을지도 몰라.'

'이렇게 인사하면 저 아주머니가 흉볼지도 몰라'

하고 지레 짐작해서 우물쭈물 얼버무리지 말고 당당하게 인사를 해야 합니다. 일상 생활에서 작은 용기를 내어 큰 목소리로 인사를 하면 보다 즐거운 사회 생활을 할 수 있습니다.

인사란 상대를 즐겁게 하기 위해서 한다기보다 자기 자신을 즐겁게 하기 위해서 하는 것입니다. 인사할 때, 행동은 정중하게 하고, 말은 상대에게 들릴 만큼 큰 소리로 또박또박 해야 합니다.

2 상대에게 요구할 때

　요즘 일부 음식점에서 종업원이 다리를 구부리거나 무릎을 꿇고 손님과 눈높이를 맞추고 주문을 받습니다. 의자나 방바닥에 앉아 있는 손님이 주문을 하려면 서 있는 종업원을 올려다봐야 하는 불편을 없애 주려고 그런 것입니다. 종업원이 이런 자세로 정중하게 "손님, 주문하시겠습니까?"라고 묻는데, 무뚝뚝하게 "김치찌개"라고 주문한다면 참 머쓱하겠지요?

　상대에게 무엇을 부탁할 때는 그 상대에게 자신이 지금 도움을 청하고 있다는 것을 정중하게 표현해야 합니다. 단어만 사용해서 음식이나 물건을 주문하거나, 아무 말 없이 주문한 음식이나 물건을 내놓는다면 서로 나쁜 인상만 남길 것입니다. 또 바르지 못한 언어를 사용하는 것도 마찬가지겠지요? 이럴 때, "(김치찌개)를 부탁합니다", "(우유 한 잔)을 주십시오"라고 표현하면 상대에게 좋은 인상을 줄 것입니다. 좋은 인상은 상대와 의사 소통 과정에서 매우 중요합니다.

음식점에서 주문할 때

어서 오십시오. 손님, 무엇을 주문하시겠습니까?

네, 피자 한 판하고요, 우유 세 잔 주세요.

손님, 주문해 주셔서 고맙습니다.

 가정에서 부탁할 때

근영아, 거기 있는 신문 좀 집어 줄래?

네, 아빠.

그래, 고맙구나.

이렇게 연습하세요.

부탁할 때 1

부탁할 때 우리가 흔히 저지르는 실수입니다. 가까운 사이일수록 부탁한다는 사실을 제대로 인식하고 예의를 갖추어야 합니다.

부탁할 때 2

'슈퍼마켓 계산대에 있는 직원은 손님인 내가 들고 온 물건을 계산하는 게 일이야. 그러니까 손님인 나는 말없이 물건을 내놓거나 퉁명스레 계산을 해 달라고 요구하는 게 당연해.' 이렇게 생각하고 있다면 빨리 고쳐야 합니다. 슈퍼마켓에서도 '부탁합니다'라는 한마디가 유쾌한 분위기를 만드니까요. '말 한마디에 천 냥 빚도 갚는다'는 옛말도 있잖아요?

지혜 창고

'영어에는 'Please'라는 편리한 단어가 있습니다. 문장의 처음이나 끝에 'Please'를 붙이면 상대에게 정중하게 부탁하는 표현이 됩니다.

우리나라 말에도 여러 가지 부탁의 표현들이 있지만, 이 'Please'와 뜻이 딱 맞는 단어는 없습니다. 그 때문인지 단어만으로 주문하거나 "○○ 줘"라고 마치 명령하듯 표현하기도 합니다.

"○○을 주십시오", "○○을 부탁합니다"라는 말은 상대에게 자신이 지금 어떤 도움을 청하고 있는 것을 알리는 중요한 표현입니다.

이런 표현은 상대와 의사 소통을 할 때 아주 부드러운 분위기를 만들어 준답니다.

3 상대와 대화를 할 때

　대화할 때, 상대의 눈을 똑바로 보고 말하기 위해서는 용기가 필요합니다. 우리나라에서는 오래 전부터 상대의 눈을 똑바로 바라보는 것은 실례라고 생각해 왔습니다. 그래서 우리나라 사람들은 상대의 눈을 바라보고 대화하기를 꺼려합니다. 그러나 국제 사회에서 이런 한국인의 태도는 환영받지 못합니다. 우리의 관습 때문에 우리가 상대와 눈을 맞추지 않고 대화를 한다면 상대는 우리의 태도를 불쾌하게 생각할 수도 있습니다. 또 상대와 대화할 때 상대와 눈을 맞추지 않는다면 상대는 '저 사람은 나와 대화하고 싶지 않구나'하고 오해할 수도 있습니다. 상대가 하는 이야기를 열심히 듣고 있으면서도 눈을 맞추지 않았기 때문에 상대가 우리를 오해한다면 무척 안타깝겠지요?

　우선 가족이나 가까운 친구와 눈을 맞추고 대화를 하는 연습부터 해 보세요.

친구가 열심히 이야기하고 있을 때

이경아, 지난 주말에 수미랑 공원에서 인라인 스케이트 타면서 놀았는데 정말 재미있었어. 이번 주에도 함께 놀기로 했는데, 너도 같이 갈래?

응, 응….

뭐야? 함께 놀겠다는 거야, 말겠다는 거야.

 집에서 어머니가 주의를 줄 때

인라인 스케이트 탈 때는 보호 장구 잘 챙기고, 차 조심하고.

네에….

앞은 물론이고 옆과 뒤도 잘 살피면서 타야 한다. 얘, 너 지금 엄마 말 듣고 있는 거니?

아 알았어요….

얘가, 제대로 알아들은 건지 원….

이렇게 연습하세요.
외국인과 이야기를 할 때

외국인이 용우에게 이야기하고 있는데, 용우가 눈을 맞추지 않고 있었습니다. 그래서 외국인은 용우가 자신의 이야기에 관심이 없거나, 알아듣지 못하는 것이라고 생각하고는, 이야기를 계속해야 할지 그만두어야 할지를 망설였습니다.

Do you like apples?
(너, 사과 좋아하니?)

저렇게 빤히 바라보니까, 이거 눈을 어디다 둬야 할지 모르겠네.

내가 이렇게 열심히 말을 걸고 있는데, 얘는 왜 다른 쪽을 바라보는 거지?

집에서 나가기 전에 어머니가 주의를 줄 때

근영이는 어머니의 주의를 들었습니다. 그러나 근영이가 다른 곳을 바라보면서 대답하기 때문에 어머니는 걱정이 되어 자신의 주의를 제대로 듣고 있는지 확인했습니다.

찻길 건널 때는 꼭 신호 확인하고.

네, 알았어요.

그리고 신호가 바뀌었더라도 좌우 잘 살핀 후에 건너야 한다. 얘, 너 지금 엄마 말 듣고 있니?

아 알았다니까요.

　대화를 할 때, 상대의 눈을 바라보는 것은 기본 중의 기본입니다. 상대가 자신에게 말을 걸 때 시선을 피하거나 다른 곳을 바라보면 불쾌하게 생각할 것입니다.

　여러분 역시 자신의 이야기를 귀찮게 혹은 재미없게 여길 거라고 생각할 것입니다. 눈을 맞추고 대화하면 상대는 자신의 이야기를 진지하게 들어주고 있다는 신뢰감을 갖게 될 것입니다.

　상대의 눈을 바라보면서 대화하는 것에 익숙하지 않아 처음에는 어색할지 모르지만 꾸준히 연습하면 서서히 익숙해져서 어느 순간, 상대와 기분 좋게 대화하고 있는 자신을 발견하게 될 것입니다.

4 상대의 질문에 대답할 때

우리는 태어나 자라면서 유아기 때의 행동에서 벗어나 말을 통해서 상대에게 자신의 생각을 표현하게 됩니다. 그러나 습관적으로 말이 아닌 행동으로 자신의 생각을 표현하는 친구를 볼 수 있습니다. 상대의 질문에 대답할 때 몸짓으로 표현한다면 때에 따라서는 상대가 당황할 수도 있습니다.

 '끄덕끄덕'과 '도리도리'

모란 시장을 찾아가는 아저씨가 지나가던 세준이에게 물었습니다. 그런데 세준이는 대답 대신에 '끄덕끄덕, 도리도리' 몸짓으로 표현을 했습니다. 아저씨가 무척 당황했겠지요?

얘, 이 길로 가면 모란 시장 나오니?

초등 학생 맞니?

대답 대신 고개를 끄덕끄덕 한다.

대답 대신 고개를 도리도리 한다.

'이쪽'과 '저쪽'은 어느 쪽?

길을 묻는 사람에게 근영이가 '이쪽', '저쪽'이라고 대답했습니다. 상대가 무척 당황스럽겠지요? 정확하게 '오른쪽', '왼쪽'이라고 대답해서 상대가 쉽고 확실하게 목적지를 찾아갈 수 있도록 도와 주어야 합니다.

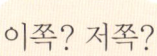

   한 가지 일에 집중을 하다 보면 중요한 일을 놓칠 때가 있습니다. 질문에 대해 몸짓으로 대답을 한다면 상대는 '나랑 이야기하는 게 싫은가?'라고 오해를 할 수도 있습니다. '그렇다', '그렇지 않다'라고 정확하게 자신의 의사를 표현하는 것이 좋습니다.

5 초대를 거절할 때

　어느 날, 친구가 생일 파티에 초대를 했습니다. 그런데 특별한 일이 있어서 참석할 수 없게 되었습니다. 이럴 때, 여러분은 친구의 초대를 냉정하게 딱 잘라서 거절하거나, 거절하는 이유를 애매하고 모호하게 말하지 않습니까? 입장을 바꿔 놓고 생각해 보세요. 만약 여러분이 친구를 초대했을 때 냉정하게 거절당하거나, 거절하는 이유가 명확하지 않다면 여러분의 기분은 어떨까요? 마음에 상처를 받고 다시는 초대하지 않겠다고 생각하겠지요? 그렇다면 상대도 똑같은 기분일 것입니다.

　친구에게 초대받았을 때, 그 초대에 응한 것인지 그렇지 않은 것인지 분간하지 못할 애매모호한 태도를 취하면 안 됩니다. 그리고 거절할 때는 꼭 친구가 초대해 준 것에 대해서 감사의 표현을 먼저 해야 합니다. 그런 후에 거절하는 이유를 명확하게 전달해야 합니다. 이렇게 정중하게 거절한다면 친구는 불쾌하게 생각지 않을 것입니다.

친구의 기분이 상하지 않게 정중하고도 분명하게 거절합시다.

이경아, 이번 주 일요일에 우리 집에서 내 생일 파티를 여는데 너를 초대하고 싶어.

어머, 생일 파티를 연다고? 초대해 줘서 고마워. 너무 기쁘다. 친구들이 다 모여서 맛있는 음식도 먹고, 재미있는 이야기도 나누면 무척 즐겁겠다. 나도 꼭 가고 싶어.

이경아, 이번 주 일요일에 우리 집에서 내 생일 파티를 여는데 너를 초대하고 싶어.

못 가. 수미야, 미안해. 그 날은 집안 모임이 있어서 큰아버지 댁에 가야 하거든. 정말 미안하다. 다음에 기회가 되면 꼭 다시 초대해 줘.

거절 이유는 명확하게 전달하세요.

용우야,
이번 주 토요일 오후에
근영이랑 여의도 광장에서
자전거 타기로 했는데
너도 같이 갈래?

저, 그날은 엄마랑
가야 할 곳이 있는데….
숙제를 해야 하고….
음, 저 그리고….

이거, 가겠다는 거야,
안 가겠다는 거야.
혹시 가기 싫어서 거짓말하는
건 아닐까?

 이렇게 연습하세요.

용우야,
이번 주 토요일 오후에
근영이랑 놀이터에서
놀기로 했는데
너도 같이 갈래?

용우야,
이번 주 토요일 오후에
근영이랑 인라인 스케이트
타러 갈 건데 너도
함께 갈래?

지혜 창고

기회가 되면 다음에 또 초대해 주기 바라지만, 이번에는 사정이 있어서 초대를 거절해야 할 때, 거절하는 방법의 기본 원칙입니다.

(1) 먼저 초대해 준 것에 대해서 감사의 표현을 합니다.

(2) 거절하는 이유를 정중하고도 명확하게 전달합니다.

(3) 다음에 초대받을 기회가 주어진다면 꼭 참석하겠다는 표현과 함께 지금 초대에 응하지 못해서 미안하다는 사과의 말도 함께 전달합니다.

6 사람을 가리킬 때

 주어를 넣어서 이야기하세요.
진표는 자신의 말이 민호에게 왜 제대로 전달되지 않았는지 이해하지 못하고 있습니다. 진표는 어떻게 이야기해야 했을까요?

- 어제 놀이 공원에 갔었는데 무척 재미있었나 봐.
- 와, 참 좋았겠다. 근데 놀이공원에 사람들 많았니?
- 무슨 소리를 하는 거야?
- 놀이 공원에 놀러 갔었다면서?
- 아냐, 어제 난 친구들과 축구 시합을 했어. 놀이 공원에 간 건 내가 아니고 세준이야.
- 난 네가 '어제 놀이 공원에 갔었는데'라고 해서 당연히 네 이야기인 줄 알았어.
- '무척 재미있었나 봐'라고 했잖아. 내가 놀러 간 거라면 그런 식으로 말하진 않았겠지.
- 그래, 그렇게 말하니까 이제야 알겠다.

늘 '누가', '무엇을'이라는 것을 생각하고 이야기하세요.

어제 세준이가 놀이 공원에 갔었대. 그리고 나는 어제 친구들과 축구 시합을 했어.

와, 세준이는 참 좋았겠다. 나중에 세준이한테 놀이 공원에서 뭘 했는지 물어 봐야겠다. 그런데 축구 시합할 때 너희 팀은 누구누구였니?

지혜 창고

한글은 주어를 생략해도 대부분 의미 전달이 가능합니다. 때로는 문장에 일일이 주어를 넣어서 표현하면 어색한 느낌이 들기도 합니다. 그래서 우리는 주어를 넣지 않고 이야기해도 상대가 이해할 것이라고 생각합니다.

사소한 부분까지 상대가 확실하게 알 수 있게 이야기하거나 쓰는 것이 의사 소통의 기본입니다.

그리고 주어를 쓰는 데 익숙해지도록 노력해야 합니다.

7 '모두'와 '나'를 선택해야 할 때

윤경이는 여름 휴가를 바다로 가고 싶어합니다. 그래서 어머니에게 '모두'라고 둘러대고 자신의 의사를 제대로 전달하지 못했습니다. 왜 올바른 의사 소통이 이루어지지 않았을까요? 바다에 가고 싶은 사람은 바로 '나'라는 것을 정확하게 말하는 것이 좋습니다.

엄마, 여름 휴가 때 모두 바다에 간대. 저도 가고 싶어요.

누구? 이경이? 수미? 걔네가 여름 휴가 때 바다로 간다니?

아니, 여름 휴가 때 많은 사람들이 바다로 놀러 가잖아요. 음, 그러니까 제 말은……

그래, 이제야 네 말의 뜻을 알겠구나.

'모두' 대신에 '나'라는 주어를 쓰세요.

학교에까지 오락기를 가져온 근영이의 행동을 다른 친구들이 옳지 않다고 생각한다는 사실을 근영이는 모릅니다. 내 충고를 듣고 근영이가 기분 나빠하거나 오해를 할까 봐, 직접 충고해 주기가 부담스러워서 '모두'의 의견인 것처럼 말한 것뿐입니다. 친구에게 충고해 주고 싶다고 생각한 것은 자신입니다. 그러니 자신의 의견에 대해 책임을 질 줄 알아야 합니다.

지난번에 학교에 오락기 가져온 적 있잖아.

사실은 모두, 옳지 않다고 생각해서.

응, 왜?

그랬니? 난 미처 몰랐어. 말해 줘서 정말 고맙다. 역시 넌 내 친구야.

지혜 창고

　누군가가 대화 도중 '모두'라는 단어를 쓰면 '모두란 누구?', '누구랑 누구?'라고 되물을 수 있는 용기를 가집시다.
　도대체 '누구'를 말하는 것인지 확실하게 알지 못한 상태로 '모두'라는 단어에 속아서 어떤 상황을 판단하지 맙시다.
　'모두'라는 단어를 쓰는 사람도, '모두'라는 단어를 듣는 상대도 주의해서 구체적으로 누구를 말하는지를 생각합시다. 대화할 때는 주어를 명확하게 골라 쓰도록 합시다.

8 상대가 오해하지 않게 하려면

민호가 생각하고 있는 '그거'가 무엇을 말하는지 어머니는 알 수 없었기 때문에 두 사람 사이에 질문은 반복됩니다.

서로의 생각이 바로 전달되지 않는 반복 대화로 두 사람 모두 짜증이 나고, 화가 나서 싸울 수도 있겠지요?

그러니 정확한 물건의 이름과 상황에 적합한 단어를 선택해서 말해야 사소한 오해가 생기는 걸 방지할 수 있습니다.

'그거'란 무엇을 가리키는 것일까요?

엄마, 거기 그거 있어요? 그거 주세요.

어디? 이거?

아니, 책상에 있는 그거 말예요.

책상에 있는 게 어디 한두 가지니? 그게 뭐니?

책상에 있는 통 말이에요.

애는, 처음부터 통이라고 말해야지.

 '그렇다'란 무엇을 의미하는 걸까요?

친구에게 어떤 충고를 하려고 하면서 '그렇잖니'라는 말로 친구가 느낄 기분을 짐작하는군요. 막연한 '그렇잖니'라는 표현보다는 '기분이 나쁘겠지만', '당황스럽겠지만' 등 상황에 적합하고도 정확한 단어 선택이 필요합니다.

직설적으로 말하면 그렇잖니? 그래서 대강 알아듣도록 말했는데……

글쎄, 윤경이가 네 말을 들으면 좀 당황하긴 하겠지만 그래도 나쁜 습관은 일찍 고치는 게 좋을 것 같아.

그럴까?

그럼.

이렇게 연습하세요. 1

부탁하는 내용을 미리 구체적으로 말했으면 이런 일은 없었겠지요?

 이렇게 연습하세요. 2

복잡한 내용을 '그거'로 표현하면 오해하기가 쉽습니다. '그거'라는 불명확한 단어 대신 구체적인 단어를 쓰면 의미 전달이 명확하게 됩니다.

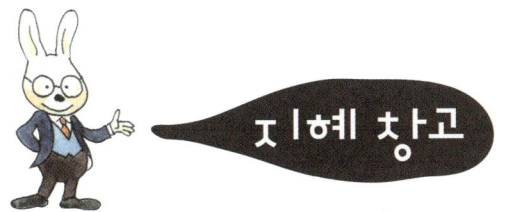

'그거'라는 단어는 정말 편리한 것일까요?

'그거'라는 단어를 쓰면 자신의 생각이 상대에게 정확히 전달되지 않는 경우가 많습니다.

눈앞에 있는 물건을 '그거'라고 하지 않고 그 이름으로 말한다면 그 물건이 무엇인지 금방 알 수 있습니다. 그러나 '그거'가 복잡한 상황이나 상태, 사람의 감정 등을 표현한 것이라면 말하는 사람과 듣는 사람이 전혀 다른 생각을 할 수도 있습니다.

듣는 사람의 입장에서 보아 '그것'이 무엇인지 모를 경우에는 용기를 내어 질문을 하세요. 이런 노력이 서로의 정확한 의사 소통을 가능하게 하니까요.

9 자신의 의사 표시는 정확하게

"엄마, 우유!"

이것은 무슨 뜻일까요?

(1) "엄마, 집에 우유가 없으니까 사 가지고 가요."

(2) "엄마, 우유가 밖에 나와 있잖아요. 냉장고에 넣어야죠."

(3) "엄마, 여기에 우유 부어서 먹어야 되잖아요."

(4) "엄마, 우유 마시고 싶어요. 우유 주세요."

상황에 따라서 모두 맞는 말입니다. "엄마, 우유!"에는 이렇게 여러 의미가 포함되어 있습니다.

위와 같이 말해도 서로의 말을 이해할 수는 있지만, 오해할 수가 있습니다. 그러니 언제 어디서나 자신의 의사 표시를 정확하게 할 수 있게 연습합시다.

의사 표시는 정확하게 하세요.

어머니는 아이가 말하는 의미를 금방 이해합니다. 어떤 때는 아이가 하려고 하는 말을 대신 말해 주기도 합니다. 이렇게 하는 것은 아이의 논리적인 언어 습관의 형성에 바람직하지 않습니다.

엄마, 우유!

우유? 목마르니?

그게 아니고, 우유가 다 떨어졌으니까 사 와야 해요.

그래, 알았다.

 ## 이해력이 둔한 사람이 되어 보세요.

진표는 신문의 방송 프로그램 안내를 보려고 했습니다. 좋아하는 만화 프로그램의 시간을 확인하려고요. 그래서 아버지가 읽는 신문을 보려고 합니다. 아버지는 진표의 말을 이해 못 하겠다는 듯이 연기를 했습니다. 그래서 진표의 구체적인 질문을 유도해 냈습니다.

아빠, 신문!

보고 싶어요.

신문, 뭐?

뭘 볼 건데?

방송 프로그램 안내면을 보고 싶어요.

네가 좋아하는 만화 언제 하는지 확인하려고?

네, 아빠.

이렇게 연습하세요. 1

등교 준비를 한 이경이는 머리를 손질해 주는 어머니에게 어떤 핀을 꽂고 싶은지 말했습니다. 그러나 어머니는 이경이의 말을 이해 못 하겠다는 듯이 말했습니다. 그래서 이경이가 정확하게 의사를 표현하도록 유도했습니다.

- 엄마, 핀.
- 핀? 무슨 핀?
- 하얀색 핀으로요.
- 이 핀?
- 아니, 하얀색 꽃핀으로 해 주세요.
- 아, 이 하얀색 꽃핀 말이구나. 처음부터 그렇게 말했어야지.

 이렇게 연습하세요. 2

- 엄마가 책 읽어줄게.
- 엄마, 싫어요.
- 그래, 그럼 잘 자거라.
- 무슨 책?
- 아니, 그 책은 재미없으니까 다른 책 읽어주세요.
- 민호야, 처음부터 책의 제목을 말했어야지.
- 궁궐 이야기 읽어 주세요.

"엄마, 우유!"

이 말에는 여러 가지 표현이 생략되어 있습니다. 늘 함께 지내는 가족이나 친구라면 생략된 표현이 무엇을 뜻하는지 쉽게 이해할 수 있습니다. 그러나 그렇지 않은 사람에게는 끝까지 정확하게 말하지 않으면 자신의 생각을 명확하게 전달할 수가 없습니다.

대화에서는 상대의 말을 이해하는 것이 무엇보다도 중요합니다. 그래서 평소에 자신의 의사 표현을 끝까지 정확하게 하는 습관을 길러야 합니다.

10 상대의 질문을 받았을 때 1

"수미야, 오늘 학교에서 뭘 배웠니?"

"몰라."

"수미야, 미술 시간에 만들기는 잘 되었니?"

"별로."

자신이 배운 것이나 경험한 일들에 대해서 질문을 받았을 때 '몰라'하고 대답하는 것은 상대에게 "나는 기억력이 나빠서 아무것도 기억하지 못한다"라는 뜻이 됩니다. 또한 배우거나 경험한 일에 대한 느낌을 질문받았을 때 '별로'라고 대답하는 것은 상대에게 "재미없었으니까 다시는 배우거나 경험하고 싶지 않다"라는 뜻으로 받아들여질 수도 있습니다. 여러분이 정말 그렇게 생각하지 않았더라도 '몰라', '별로'라고 퉁명스럽게 대답한다면 상대는 여러분이 대화하기를 꺼려하거나 거부한다고 생각할 수도 있습니다. 상대의 질문에 대해 성심성의껏 대답하는 것은 매우 중요합니다.

무심코 '몰라', '별로'라고 대답한 적이 있나요?

엄마가 만화 영화 이야기를 하기 전에 공동 관심사를 찾아내 질문했습니다. 그런데 "몰라"라고 대답한다면 여러분은 소중한 대화의 기회를 놓치게 됩니다. 게다가 여러분이 본 만화 영화가 아무리 재미있었다 하더라도 상대의 질문에 성의 없이 "별로"라고 대답한다면 상대는 '그 만화 영화가 재미없었구나'라고 생각할 것입니다. 무심코 "별로"라고 대답해서 여러분은 여러분 자신에게 찾아온 좋은 대화의 기회를 놓치게 됩니다.

유미야. 너, 《손오공》 책으로 읽었니?

몰라.

별로.

너, 어제 《손오공》 만화 영화 봤다고 해서 물은 거야? 만화 영화는 재미있었니?

애는 나랑 이야기 하는 게 싫은 거야? 만화 영화를 좋아하지 않는 거야?

 ### 질문에 '몰라', '별로'라는 대답이 돌아온다면?

상대가 '몰라', '별로'라고 대답을 하더라도 포기하지 말고 끝까지 질문해 보세요. 일부러 상대의 의견과 반대되는 의견을 말하면 상대는 무시하지 못하고 대화에 참여하게 될 것입니다.

진표야, 어제 도서실에서 무슨 책 읽었니?

몰라.

그게 아니라 《어린이 삼국유사》라는 책을 읽었거든.

어제 읽은 책인데 그것도 모른단 말이야?

별로.

재미있었니?

별로? 재미없었다는 뜻이니?

아니. 그런 뜻이 아니라……. 재미있었어.

이렇게 연습하세요. 1

언니가 질문을 했는데 윤경이의 반응은 시큰둥하기만 합니다. '몰라', '별로'라고 건성으로 대답하는 윤경이가 어떤 생각을 하고 있는지 알려고 언니는 계속 질문을 했습니다. 언니가 처음에 물었을 때 윤경이가 "언니, 그 옷 다 마음에 들어"하고 대답했다면 다른 질문은 필요가 없었을 것입니다.

- 윤경아, 엄마가 어제 사 주신 원피스 어땠니?
- 아, 그거. 몰라.
- 왜 색과 디자인이 맘에 안 드니?
- 잘 모르겠어.
- 난 네가 맘에 들지 않는 것 같아서 걱정했어.
- 전부 다 좋아. 미안, 딴 생각을 좀 했어.

 ### 이렇게 연습하세요. 2

민호는 근영이와 함께 게임을 하는 것이 싫은데 제대로 자신의 생각을 밝히지 못했습니다. 망설이던 민호는 용기를 내어 왜 근영이와 게임하는 것이 싫은지 친구인 용우에게 말했습니다. 민호처럼 자신의 의사를 정확하게 표현하는 것이 서로에게 좋습니다. 용기를 내지 못해서 망설이기만 했다면 용우가 오해를 했거나, 함께 하기 싫은 근영이와 게임을 할 수밖에 없었을 것입니다.

- 민호야, 근영이랑 함께 게임할래?
- 뭐 별로.
- 민호야, 넌 근영이랑 함께 게임하는 거 싫어?
- 그래? 그럼, 우리끼리 하자.
- 용우야, 근영이는 게임할 때 자기 편리한 대로만 해. 그래서 근영이랑 게임하는 건 싫어.

'몰라', '별로'라는 대답은 무척 편리합니다. 이렇게 대답하면 상대는 더 이상 질문을 하지 않을 것이기 때문입니다.

그러나 사람은 대화와 원활한 소통을 통해서 좋은 관계를 이루고 더불어 함께 살아갑니다. '몰라', '별로'라는 대답으로 상대의 질문을 끊어 버리면, 자신이 대화를 원할 때 '몰라', '별로'라는 대답을 듣게 될 것입니다.

질문을 받았다면 '몰라', '별로'라고 대답하지 말고 구체적으로 대답해서 좋은 관계를 계속 유지해 나가야 합니다.

아버지와 어머니는 자녀와 대화할 때 끈기를 가지고 자녀가 자신의 생각을 정확하게 표현할 수 있도록 유도해 주어야 합니다.

아버지와 어머니의 이런 태도가 자녀에게 대화가 얼마나 소중한가를 깨닫게 해 주는 지름길입니다.

11 상대의 질문을 받았을 때 2

여러분은 "어디 가니?"라거나 "뭐 하니?"라는 질문을 받았을 때, 무심코 "그냥"이라고 대답한 적은 없습니까? 집에서 아버지나 어머니, 학교에서 친구들에게 질문을 받을 때, "그냥"이라고 대답하면 무척 편리합니다. 그러나 "그냥"이란 어떤 의미일까요? "그냥"은 여러분의 생각을 구체적으로 표현해 주는 단어가 아닙니다.

만약 여러분의 질문에 상대가 "그냥"이라고 대답했다면 여러분은 어떻게 생각하겠습니까? 상대가 여러분에게 "그냥"이라고 대답하는 것은 '알리고 싶지 않은 장소에 가거나 알리고 싶지 않은 일을 하는 게 아닐까?' 하는 오해를 받을 수 있습니다. 상대가 "뭐 하니?" 하고 물었을 때는 구체적으로 대답해야 합니다. "그냥"이라고 무심코 한 대답은 여러분을 신뢰하고 있는 모든 사람들을 실망시킬 수도 있으니까요.

'어디 가니?'라는 질문에 '그냥'이라고 대답한 적이 있나요?

 상대가 누구든 '그냥'이라는 말로 대충 넘어가면 안 됩니다.

이렇게 연습하세요. 1

어디 가니?

이경이랑 만나서 서점에 가기로 했어요.

어느 서점으로 갈 거니?

아파트 단지 안에 있는 상가 서점으로 가려구요.

거기는 작아서 너희가 찾는 책이 있을지 모르겠구나.

그건 미처 생각하지 못했네요. 그럼 시내 대형 서점으로 가야겠네요. 고마워요, 엄마.

엄마에게 어디에 갈 건지를 말씀드렸더니 좋은 정보를 얻었네. 그래, 이래서 대화가 필요한 거야!

 이렇게 연습하세요. 2

뭘 찾고 있니?

이 근처에서 머리핀을 잃어버렸어요.

위의 대화를 통해서 어떤 느낌을 받았나요?

어머니가 괜한 걱정을 하게 될 수도 있습니다. 가는 곳을 간단하게라도 정확하게 말하면 쓸데없는 오해를 하지 않을 테니까요.

또 경험이 많은 어머니나 상대에게 여러가지 도움을 받을 만한 정보도 얻을 수 있을 것입니다. 그렇게 하면 오히려 어머니나 상대가 자신을 더 신뢰하게 될것입니다.

12 '~같은'이라는 표현

"난 태권도 같은 게 좋아. 멋있으니까 말이야."
"난 축구 같은 운동이 더 좋아."
여러분은 '~같은'이라는 표현을 자주 쓰나요?
'~같은'이라는 표현은 뭔가를 예로 들어 말할 때 쓰는 것입니다. "태권도나 축구 같은"이라고 말하는 것이 올바른 표현입니다. 그러나 최근에는 한 개의 예제에 '~같은'을 붙여서 쓸 때가 많습니다. '~같은'이라는 표현을 써서 자신의 의견을 애매하게 만들거나 자신도 이해하지 못하는 말은 하지 말아야 합니다. 만일 집에서 누군가가 '~같은'이라고 말하면 '~같은 ~이라면 그 외에 또 뭐가 있지?'라고 되물어 보세요. 여러분은 평소에 꾸준하게 연습해서 애매하지 않고 명확한 문장을 쓰는 습관을 길러야 합니다.

여러분은 '~같은'이라는 표현, 자주 쓰나요?

두 친구는 서로 뜻이 명확하지 않은 '~같은'을 쓰면서 대화하고 있습니다.

세준아, 난 야구를 참 좋아해. 넌 어떤 운동을 좋아하니?

난 축구 같은 운동이 더 좋아. 진표야, 난 공격수 같은 걸 하고 싶어.

내가 축구를 한다면 난 골키퍼 같은 걸 하고 싶어.

 "~같은 ~이라면 그 외에 또 뭐가 있지?"라는 질문에 대답할 수 있을까요?

두 친구가 말하는 '~같은'의 표현은 서로 생각이 다르기 때문에 대화가 부자연스럽습니다.

수미야, 넌 놀이터에 있는 놀이 기구 중에서 어떤 걸 좋아하니?

난 미끄럼틀 같은 걸 좋아해.

미끄럼틀 같은 거라면 다른 건 어떤 게 있는데?

윤경아, 그게 무슨 소리니? 내가 좋아하는 놀이 기구가 미끄럼틀이란 말이야.

미끄럼틀?

그런데 난 네가 말할 때 미끄러지는 다른 놀이 기구가 있는 줄 알았어.

그래. 미끄럼 탈 때 거꾸로 내려오면 기분이 짜릿하고 얼마나 재밌다구. 넌 뭘 좋아하니?

'~같은'에 담긴 내용을 생각해 봐요.

한 가지일 때

내가 좋아하는 운동은 축구야. 축구를 좋아하기 때문에 '~같은'은 쓰지 않고 '축구가 좋아'라고 명확하게 말해야지.

여러 가지일 때

내가 하고 싶은 건 공격수야. 난 달리기도 잘 하고, 공을 차는 힘도 강해. 하지만 수문장인 골키퍼도 하고 싶어.

이런 욕심쟁이. 결국 네가 하고 싶은 건 공격수와 수문장 두 가지 다였구나.

이렇게 연습하세요.

민호야, 넌 어떤 운동을 좋아하니?

다른 운동은 어떤 걸 좋아하지?

농구 같은 운동도 좋고, 야구 같은 운동도 좋아.

용우야, 난 축구가 좋아.

내가 좋아하는 운동은 오직 축구야! 그 중에서 공격수 같은 걸 하고 싶어. 넌 어떤 운동을 좋아하니?

 지혜 창고

'~같은'은 '여러 가지를 하나씩 예를 들어 말할 때' 쓰입니다. 그러나 요즘에는 붙일 필요가 없는 문장 끝에 '~같은'을 붙여서 자신이 한 말의 내용을 애매하고도 모호하게 만들어 쓰는 사람이 많아졌습니다.

그러나 '사과가 좋다', '사과나 배 같은 과일이 좋다'와 '사과 같은 과일이 좋다'는 의미상 큰 차이가 있습니다. 그러니 조심해서 가려 쓸 줄 알아야 합니다.

수량을 말할 때

"뭘 드릴까요?"

"사과 주세요."

"몇 개나 드릴까요?"

"두세 개요."

"두 개를 드릴까요, 세 개를 드릴까요?"

"두 개만 주세요."

여러분은 이런 경험이 있나요? '두세 개 정도'라고 말하면서 상대가 그 이상 주기를 기대한 적은 없나요? 그리고 여러분의 의도를 눈치채지 못한 상대에게 화가 난 적은 없나요? 두세 개와 같은 대충의 수량을 말해도 괜찮을 때도 있지만 두 개, 세 개로 구체적인 수량을 정확하게 말해야 할 때도 있습니다. 여러분은 그것을 충분히 연습하고 구분해서 말해야 합니다.

수량을 말할 때
대충 말할 때

– 모여 있는 친구가 모두 세 명입니다. 그러니까 한 개씩 먹는다면 귤은 모두 세 개가 있어야 합니다. 그러나 두 개를 먹겠다는 친구도 있을 테니, 이때는 '서너 개'를 달라고 말하면 됩니다.

– 담임 선생님은 조리 실습용 양파가 두세 개 필요하다고 했습니다. 이때는 양파가 두 개라도 괜찮고 세 개라도 괜찮기 때문에 '두세 개'라고 말하면 됩니다.

정확하게 말할 때

– 모여 있는 친구가 모두 네 명입니다. 그러니까 한 개씩 먹는다면 귤은 모두 네 개가 필요합니다. 만일 세 개를 받는다면 누군가 한 명은 먹지 못하게 됩니다. 그래서 이때는 정확하게 '네 개'라고 말해야 합니다.

– 담임 선생님은 조리 실습용 양파가 세 개 필요하다고 했습니다. 이럴 때는 정확하게 '세 개'라고 말해야 합니다.

 여러분은 수량을 대충 말하나요?

오늘은 우리 윤경이가 엄마를 도와서 열심히 청소를 했으니, 상으로 맛있는 사탕을 줘야겠구나. 몇 개 줄까?

음, 두서너 개 정도 주세요.

두서너 개 정도? 그럼 두 개면 되겠구나.

어머, 이를 어째. 더 많이 받아서 오빠랑 나눠 먹으려고 했는데…. 내가 실수한 거야. 다음부턴 정확하게 몇 개를 달라고 해야지.

 이렇게 연습하세요.
수량을 대충 말해도 될 때

선생님이 모두에게 양파를 나누어 주겠어요. 이경이가 하는 조리 실습에는 양파가 필요하다고 했지? 몇 개가 필요하지?

두세 개 주세요, 선생님.

네, 괜찮아요. 조리 시간에 필요한 양파는 두세 개라고 하셨잖아요?

두세 개? 그럼 두 개라도 괜찮겠니? 다른 아이들에게도 나눠 줘야 하니까 말야.

고맙습니다, 선생님.

수량을 정확하게 말해야 할 때

모두 귤을 나눠 먹자. 수미야, 넌 몇 개를 줄까?

서너 개 줘.

서너 개? 다른 친구들도 나눠 먹어야 하니까 세 개면 되지?

함께 먹을 친구가 네 명이야. 그러니까 한 개씩 먹어도 네 개야.

세 개로는 안 되겠구나. 난 네가 서너 개라고 해서….

네가 정확하게 말했어야지.

난 서너 개라고 말하면 네 개 줄 거라 생각했는데….

'두세 개'라는 표현은 대략적인 수량이기 때문에 한 개가 부족한 '두 개'라도 괜찮다는 뜻입니다. 정말로 '두세 개'로 괜찮은지, 아니면 꼭 '세 개'가 있어야 하는지 잘 판단해서 말할 수 있게 연습해야 합니다.

14 '왜?'와 '어째서?'

어린이는 무엇을 보거나 들으면 "왜?", "어째서?"를 연발합니다. 가끔 아버지나 어머니, 선생님이 귀찮을 정도로 어린이의 질문이 계속됩니다.

이때, 어린이가 논리적인 사고력을 맘껏 펼칠 수 있게 아버지나 어머니, 선생님은 어린이의 질문에 적극적이고도 확실하게 대답해 주어야 합니다.

그러나 모든 질문에 정답을 말해 줄 필요는 없습니다. 솔직하게 "모르겠구나"라고 대답하는 것도 어린이에게는 중요한 발견이 됩니다.

"왜?", "어째서?"라는 질문을 반복하는 사이에 어린이의 논리적인 사고력은 더욱 깊어집니다.

'왜?'와 '어째서?'라는 질문을 왜 하는지 생각해 보세요.

어머니가 '공부는 왜 하는지'에 대해서 확실하게 설명하지 못했기 때문에 민호는 이해하지 못했습니다.

엄마, 우리 어린이들은 왜 공부를 해야 하지요?

다른 애들이 모두 열심히 공부하니까 너도 열심히 해야 해.

저는 축구 선수가 되는 게 꿈이니까, 공부는 열심히 안 해도 되잖아요. 축구 선수가 축구만 잘 하면 되는 거잖아요. 그렇죠?

민호야, 왜 공부를 열심히 해야 하는지 생각해 본 적이 없니? 하여튼 공부만 열심히 하면 되는 거야. 알았지? 옛날부터 그랬으니까.

 '왜?'와 '어째서?'라는 질문이 귀찮은가요?

'귀찮다'는 말로 자녀의 지적 호기심을 짓밟으면 안 됩니다. 절대로.

지구가 태양의 주위를 돈다면서요? 그건 왜 그런 거예요?

하여튼 지구는 삼백육십오 일 태양의 주위를 도는 거야.

일 년은 어째서 삼백육십오 일인 거죠?

거 참 귀찮아 죽겠네. 용우야, 아빤 지금 신문을 읽고 있잖니. 넌 아직 그런 거 몰라도 돼.

이렇게 연습하세요.

'왜?'와 '어째서?'라는 질문을 하고 그 대답을 들으면서 자녀의 사고력이 풍부해집니다. 그렇기 때문에 아버지와 어머니는 자녀의 질문에 대해 진지하고 명확하게 대답해 주도록 노력해야겠습니다.

"엄마, 어린이들은 왜 공부를 해야 하는 거죠?"

"공부를 열심히 하다 보면 자연히 생각할 수 있는 능력이 길러지기 때문이란다."

"그럼, 학교에는 왜 가는 거죠?"

"어린이들에게 여러 가지를 잘 가르쳐 주시는 선생님들이 학교에 계시기 때문이란다."

"저는 축구 선수가 되는 게 꿈인데, 그래도 공부를 열심히 해야 하나요?"

"축구도 생각을 많이 해야 하는 운동이야. 좋은 생각을 많이 하려면 공부를 열심히 해야 한단다. 그러니 세준아, 공부를 열심히 하지 않으면 좋은 경기를 할 수 없겠지?"

"축구 선수 중에는 대학에 가지 않은 선수도 많잖아요. 그런데도 공부를 해야 해요?"

"공부는 꼭 대학에 가기 위해서 하는 건 아니란다. 자기 자신을 위해서 필요한 거지."

"엄마 말씀을 듣고 보니 어린이가 공부를 해야 하는 데에는 많은 이유가 있네요."

"그래. 공부를 열심히 하다 보면 자연히 좋은

생각을 하는 습관이 길러진단다."

지혜 창고

유럽이나 미국의 의사 소통은 '왜?'와 '어째서?'로 구성되어 있습니다. 유럽인과 미국인은 자신의 의견을 말할 때 반드시 그 이유를 설명합니다. 그것은 유럽인과 미국인이 한국인보다 선천적으로 논리적이기 때문이 아닙니다.

유럽과 미국의 어린이들도, 한국의 어린이들도 어릴 때는 다 같이 어른들에게 '왜?'와 '어째서?'라는 질문을 합니다. 유럽 사회와 미국 사회에서는 어린이들의 질문을 적극적으로 권장하고 있습니다.

우리 한국 사회에서도 어린이들이 질문을 하면 '넌 어리니까 아직 몰라도 된다', '그런 쓸데없는 질문 하지 말고, 넌 열심히 공부나 해'라는 식으로 무시하지 말고 적극적으로 질문을 권장하고 명확하게 대답해 주어서 어린이들의 논리적인 사고력을 쑥쑥 키워 주어야 합니다.

15 무엇을 결정해야 할 때

"소풍은 어떻게 할까요?"

"체육 대회는 어떻게 할까요?"

여러분은 교실에서 회의를 해서 무엇을 결정할 때 이런 질문을 들어 본 적은 있지요? 회의 진행자가 '어떻게 할까요?'라는 질문을 하면 듣는 친구들은 적당하게 얼버무리거나 엉뚱한 의견을 내기 일쑤고요.

그럴 때는 질문과는 거리가 먼, 전혀 생각지 않았던 여러 가지 의견들이 나와서 회의가 어수선해집니다.

회의 진행자는 미리 무엇에 대해서 질문을 할 것인지 생각한 후에 순서를 정해 구체적으로 질문해야 합니다. 질문을 생각할 때의 기본은 육하 원칙에 따르면 좋습니다.

어떻게 결정하면 좋을까요? (회의 진행자의 입장)
다양한 의견들이 나왔기 때문에 회의 진행자는 혼란스러워하고 있습니다.

여러분, 우리 봄 소풍은 어디로 가는 게 좋겠습니까?

저는 학교에서 멀지 않았으면 좋겠습니다.

네, 저도 찬성합니다. 그래서 저는 가까운 북한산을 등산하면 좋겠다고 생각합니다.

어라, 이거 생각보다 많은 의견들이 나오네. 이걸 어떻게 정리하면 좋을까?

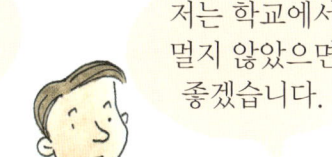

저도 북한산에 가는 건 찬성인데, 골짜기 물가로 갔으면 좋겠습니다.

 ### 어떻게 대답하면 좋을까요? (참석자의 입장)
회의 진행자의 질문이 애매하고 모호했기 때문에 대답하기도 곤란합니다. 그래서 회의 진행자는 질문을 하기 전에 육하 원칙(5W1H)에 따라 질문할 사항들을 미리 생각해 두는 것이 좋습니다.

어린이 여러분, 봄 소풍은 어떻게 할까요?

그래. 언제 갈 건지를 정해야 하니까 그걸 말하면 되겠구나.

어디로 갈 건지를 정해야지? 그러고는 그곳으로 어떻게 갈 건지도 정하자고 말해야지.

우리 오빠는 작년에 소풍 다녀와서 힘들었다고 했는데. 힘들지 않은 데로 가자고 해야지.

 **이렇게 연습하세요.**
회의 진행자는 하나씩 구체적으로 질문을 했습니다. 그렇기 때문에 학급 친구들도 곧바로 대답을 했습니다.

어린이 여러분, 오늘은 봄 소풍에 대해 의견을 나누겠습니다. 먼저 언제 가는 게 좋을지를 정했으면 좋겠습니다.

"3월 10일, 금요일에 가면 좋겠습니다."

"다음 날이 토요일이라서 찬성합니다."

"좋습니다. 모두가 찬성하니까, 그럼 이번에는 어디로 가는 게 좋겠습니까?"

"시원한 물가로 가는 게 좋겠습니다."

"양재천을 추천합니다."

"찬성입니다. 환경 공부도 하고 생태 공부도 할 수 있으니까요."

그곳까지 어떻게 가면 좋겠습니까?

"우리 학교에서 좀 멀기는 하지만 걸어서 가면 좋겠습니다. 거북이 마라톤 하듯이요."

"가서 무엇을 하는 게 좋겠습니까?"

"양재천까지 거북이 마라톤을 하는 겁니다. 가서 시상식도 하고요. 또 장기 자랑도 해요."

"좋습니다. 여러분 의견대로 결정하겠습니다. 그리고 양재천의 환경과 생태에 대해서는 선생님께 설명을 듣기로 하겠습니다. 그러면 이번 소풍이 왜 즐겁고 유익한지를 모두가 잘 알 수 있을 겁니다."

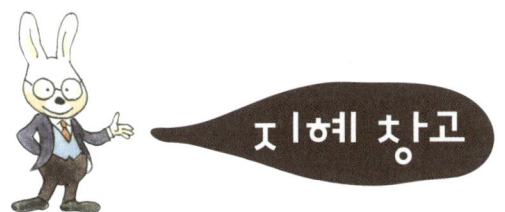

지혜 창고

"~을 어떻게 하겠습니까?"라고 질문할 때 질문하는 사람도 자신이 무엇을 묻고 싶은지 정확히 모를 때가 있습니다. 이런 질문을 받은 사람은 질문의 구체적인 내용을 파악할 수 없기 때문에 대답하기가 참 애매모호합니다.

대화에서 중요한 것은 상대의 입장을 먼저 생각해 주는 배려입니다. 그러므로 상대가 당황할 질문을 하는 것은 상대를 배려하는 것이 아닙니다.

회의 또한 대화이니, 회의 진행자가 구체적으로 정리된 질문을 하면 다양한 의견을 모을 수 있고, 결정할 사항들도 체계적으로 정리됩니다. 회의도 즐거워집니다.

육하 원칙(5W1H)

육하 원칙은 5W1H라고도 하고, 보도 기사 등의 문장을 쓸 때 지켜야 하는 기본 원칙인데, 누가(Who), 언제(When), 어디서(Where), 무엇을(What), 어떻게(How), 왜(Why)를 말합니다.

이 육하 원칙(5W1H)을 이용해서 질문하면 자신의 생각을 상대에게 확실하게 전달할 수 있고, 상대도 쉽게 대답할 수 있습니다.

육하 원칙(5W1H)을 적용하지 않고 말하면 자신이 하고 싶은 말을 상대에게 확실하게 전달할 수 없습니다.

말하는 사람은 늘 육하 원칙을 적용해서 말하도록 노력하세요. 듣는 사람도 늘 육하 원칙을 적용해서 들으면 쉽게 이해할 수 있습니다.

자신의 생각을 잘 정리해 구체적으로 대답하세요.

 발표를 할 때도 육하 원칙(5W1H)은 중요합니다.

이렇게 연습하세요.
상대에게 자신의 의사를 정확하게 전달하려면 육하 원칙(5W1H)을 잘 지키세요.

엄마, 전에 야구하러 갔을 때 말이에요.

전에라면 언제인데?

어제 오후에요, 그때 잃어버렸어요.

뭘 잃어버렸는데?

모자 말예요. 찾으러 가야 해요.

어디로?

호수 공원으로. 친구들이 기다린다고 했어요.

친구라니 누군데?

세준이랑 민호요.

엄마, 제가 저번 오후에 호수 공원에서 야구하다가 모자를 잃어버렸는데 지금 세준이랑 민호랑 함께 찾으러 가기로 했어요. 지금 갔다 올게요.

용우야, 차근차근 처음부터 다시 정리해서 말해 봐.

육하 원칙(5W1H)을 적용해서 말을 정리하세요.

누가(Who): 아빠와 엄마 그리고 내가
언제(When): 지난 주 일요일에
어디서(Where): 한마음 유원지에서
무엇을(What): 놀이 기구를 탔는데
어떻게(How): 가장 높이 올라갔을 때 기분이 오싹하고 짜릿했어.
왜(Why): 바이킹을 세 번이나 탔거든.

저는 아빠랑 엄마랑 지난 주 일요일에 한마음 유원지에 갔었습니다. 그곳에서 놀이 기구를 탔는데 가장 높이 올라갔을 때 기분이 오싹하고 짜릿했었습니다. 바이킹을 세 번이나 탔거든요.

지혜 창고

혹시 아버지와 어머니는 자녀가 말할 때 곁에서 도와 주거나 대신 말해 주지 않습니까? 절대로 그렇게 하지 마세요. 그렇게 하면 여러분의 자녀는 계속 아버지와 어머니에게 의지해서 논리적인 사고 능력이 떨어지기 때문입니다. 아버지와 어머니는 구체적으로 '누가? 언제? 어디서? 무엇을? 어떻게? 왜?'라고 자녀에게 계속 질문을 하세요. 그렇게 하면 자녀는 육하 원칙(5W1H)에 대해 익숙해질 것이고, 보다 구체적이고 논리적인 사고 능력이 높아질 것입니다.

17 정확한 대답을 듣고 싶다면

'어때?'라는 표현에는 그때 그때의 상황에 따라서 여러 가지 뜻이 포함되어 있습니다. "그래서 어땠어?"라고 애매하게 질문하면 상대는 묻는 사람이 어떤 대답을 원하는지를 정확하게 알 수가 없어서 자신이 생각한 대로 대답합니다.

여러분이 질문을 구체적이고도 정확하게 해야만, 상대가 여러분이 원하는 정확한 대답을 할 수 있습니다. 여기서도 육하 원칙(5W1H)이 기본입니다.

무엇을 알고 싶은가요?

수미가 질문을 애매모호하게 했기 때문에 이경이는 어떻게 대답해야 할지 모릅니다. 이경이의 대답은 수미가 기대했던 대답이 아니었습니다.

이경아, 너 청계천 갔다 왔다면서? 어땠어?

무척 힘들었어. 광화문 쪽에서부터 쭉 걸어갔으니까 말이야.

그게 아니라, 어땠는지 알고 싶단 말이야.

그게 아니라니. 그럼, 뭘 알고 싶은 건데?

 자신이 상대에게 묻고 싶은 것을 구체적으로 생각하세요.

(1) 그 연극은 어디서 했을까?

(2) 그 연극을 보고 무엇을 느꼈을까?

(2) 연극을 하는 그 극장까지 교통편은 어떻게 이용해서 갔을까?

(3) 그런데 왜 그 연극을 보려고 했을까?

윤경이가 일요일에 연극을 보고 왔다는데 내가 묻고 싶은 건 무엇일까?

73

이렇게 연습하세요.
위와 같이 구체적이고 정확하게 질문하면 상대도 쉽고 정확하게 대답을 할 수 있습니다.

그 연극은 어디에 있는 어느 극장에서 하니?

대학로에 있는 마로니에 극장에서 해.

그 연극을 보고 무엇을 느꼈니?

선생님도 그러셨지만, 그 연극을 보니까 부모님을 공경하고, 친구들과 사이좋게 지내야 한다는 걸 더욱 느꼈지.

수미가 구체적으로 질문을 했기 때문에 윤경이도 쉽게 대답했습니다.

그 극장까지는 어떻게 갔는데?

대중 교통을 이용했지. 아빠랑, 엄마랑 버스를 타고 갔어. 집에서 한 시간쯤 걸리더라.

그런데 그 연극은 왜 보려고 했니?

아, 그랬구나.

어린이날 선물로 아빠가 한턱 쓰신 거야.

"어땠어?"라고 애매모호하게 질문하면 상대도 애매모호하게 대답합니다. 그 대답이 질문한 사람이 원하는 답이라면 다행이지만, 대부분은 원하는 대답을 들을 수 없습니다.

대화할 때는 자신이 묻고 싶은 내용을 충분히 생각하고 하나하나 구체적으로 질문하는 것이 중요합니다. 이렇게 준비한 질문을 구체적으로 하면 상대의 대답 또한 구체적으로 들을 수 있어서, 자신과 상대 모두 만족할 수 있습니다.

18. 자연스럽게 질문하고 대답하기

어느 날, 여러분이 상대에게 질문을 했습니다. 그런데 상대가 엉뚱한 대답을 했습니다. 그럴 때 여러분은 어떤 기분이 들었나요?

어느 날, 상대가 여러분에게 질문을 했습니다. 그런데 여러분이 정확히 대답하지 않고 얼버무렸습니다. 그럴 때 상대는 어떤 기분이 들까요?

대화는 서로의 의사 소통입니다. 그래서 내가 궁금한 것을 정확히 질문하고 내가 알고 싶은 것을 상대의 대답을 통해서 정확히 알 수 있습니다.

점점 더 어색해지는 대화
윤경이가 한 질문에 민호가 다른 대답을 해서 대화가 점점 더 어색해졌습니다.

"민호야, 너 새로 들어선 대형 마트에 가 봤니?"

"응, 지난 토요일 저녁때가 봤어. 엄마랑 갔었는데 무지무지 크더라."

"어떤 매장이 있는데?"

"응, 난 스포츠 용품 매장에 갔었어. 크고 좋은 물건이 많더라."

"쟤는 내가 갔던 스포츠 용품 매장에 대해서 듣고 싶은 걸까?"

"그래? 민호야, 서점엔 가 봤니?"

"난 배드민턴 라켓을 사려고 갔는데, 좋은 라켓이 많았어. 라켓 코너 옆이 축구화 코너인데 멋진 축구화 정말 많더라. 월드컵 열기가 여기까지 뻗쳤나 봐."

"쟤는 대형 마트에 서점이 있다는 거야, 없다는 거야?"

"레코드점은 있었어. CD가 무척 많더라."

이렇게 연습하세요.
질문과 대답이 서로 어긋나지 않게

세준이가 수미의 질문에 제대로 대답해서 대화는 자연스럽게 이어졌습니다.
세준이의 대답을 듣고 수미가 다음 질문을 했으니까요.

세준아, 이번 주 일요일에 진표랑 삼청 공원에서 배드민턴 치기로 했어. 배드민턴 치는 거 좋아하니?

응, 좋아해.

나도 배드민턴 치는 건 좋아해. 수미야, 미안하지만 일요일엔 약속이 있어. 난 축구부라서 일요일엔 거의 축구 시합을 하거든.

그럼, 우리 같이 그날 삼청 공원에 가서 함께 배드민턴 칠래?

축구 시합? 그거 굉장하구나. 이번 일요일엔 어느 팀이랑 시합하니?

바다초등학교 팀이랑 해. 그 팀은 무척 강한 팀이야.

대화가 서로 어색하지 않게

민호가 윤경이의 질문에 하나하나 자세하게 대답해서 대화가 무척 자연스럽습니다.
윤경이는 알고 싶었던 정보를 민호의 정확한 대답을 통해서 알게 되었습니다.

민호야, 너 새로 들어선 대형 마트에 가 봤니?

응, 지난 토요일 저녁때 가 봤어. 엄마랑 갔었는데, 무지무지 크더라.

너, 어떤 매장 어떤 매장에 갔었니?

응, 스포츠 용품 매장에 들렀다가, 책과 CD 파는 매장에 들렀고, 마지막으로 슈퍼마켓에 들러 시장을 보고 돌아왔어.

지혜 창고

자연스러운 대화를 하려면 이렇게 하세요.

(1) 상대가 대답하기 쉽게 구체적인 질문을 합시다.

(2) 상대의 질문에 명확한 대답을 합시다.

(3) 상대의 질문과 관계없는 대답은 하지 맙시다.

(4) 상대의 질문에 성의 있게 대답합시다.

(5) 상대가 대답을 하면 그 내용과 관련된 다음 질문을 생각합시다.

19 대답은 명확하게

"이경아, 너 복숭아 좋아하니?"
"응, 좋아해."
"수미야, 너 복숭아 좋아하니?"
"아니, 싫어해."

우리는 흔히 상대의 질문에 간단하게 대답하고 맙니다. 왜 좋아하는지, 왜 싫어하는지 여러분은 그 이유를 설명하지도 않고, 상대가 그 이유를 이해할 것이라고 기대하고 말합니다.

무엇을 좋아하거나 싫어하는 이유를 상대에게 설명하지 않는다면 상대는 여러분의 생각을 이해하기 어렵습니다.

여러분은 좋고 싫은 것에 대해서 정확하게 설명하는 연습을 열심히 해야 합니다.

여러분은 상대의 질문에 명확히 대답하고 있나요?
이경이는 수미가 왜 훌라후프를 좋아하는지 궁금했습니다.

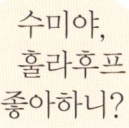

 **여러분, 기회를 놓치지 마세요.**
아무 이유도 없이 딱 잘라 싫다고 거절하면 다음부터는 상대가 여러분을 초대하지 않을 것입니다.

이렇게 연습하세요.

좋다

수미야, 너 훌라후프를 좋아하니?

응, 좋아해.

왜 좋아하니?

재미있으니까.

수미야, 처음부터 정리해서 말해 줄래?

그래, 이경아. 나는 훌라후프를 해. 왜냐하면 재미있기 때문에.

싫다

이렇게 논리적이고 확실한 문장으로 대화하는 연습을 하세요. 질문을 할 때는 꼭 상대의 이름('~는')을 붙이세요. 대답에 주어를 붙이지 않았다면 다시 한 번 '~는'을 강조해서 질문하세요.

진표야, 너 탁구 좋아하니?

아니, 싫어해.

왜 싫어하니?

그래, 세준아. 나는 탁구를 싫어해. 그 이유는 탁구공이 눈에 맞으면 아프기 때문이야.

처음부터 그렇게 말했다면 금방 알았을 텐데….

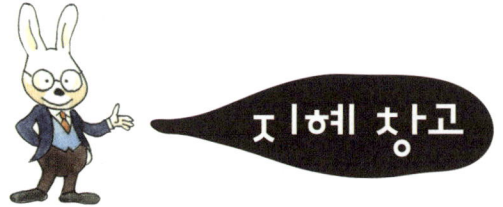

지혜 창고

　대화를 통해 연습하면서 자녀가 이유를 끝까지 잘 말하면 꼭 칭찬을 해 주세요.
　"이경아, 참 잘 했다. 네가 좋아하는 이유를 잘 말해서 아빠가 잘 알아들었단다."
　"진표야, 정말 잘 하는구나. 네가 싫어하는 이유를 잘 말해서 엄마가 쉽게 이해했단다."
　이유를 말할 때는 다음과 같이 하세요.
　"왜냐하면…….", "그 이유는…….", "…하기 때문입니다.

20 자기 입장과 상대 입장

얼굴 생김새는 사람마다 다 다릅니다. 그런 것처럼 사람마다 생각하는 것도 다 다릅니다. 대화는 기본적으로 자신의 생각과 상대의 생각이 다르다는 것을 이해하는 것에서부터 출발해야 합니다. 상대의 생각은 무시하고 자신의 생각만 주장한다면 대화가 불가능해집니다. 자신과 다른 생각을 가진 상대의 입장에서 생각해 보세요. 그렇게 하면 자신의 생각과 상대의 생각에 어떤 차이가 있는지를 알 수 있습니다. 그렇게 하면 상대의 생각을 이해할 수 있습니다. 또한 자기가 주장한 것 중에서 잘못된 것을 찾아낼 수도 있답니다.

처음에는 어렵겠지만, 계속 연습하면 상대의 입장을 이해해 주는 사람이 될 것입니다.

자신의 입장에서만 생각하고 있나요?

세준아, 나는 만화 영화가 너무너무 좋아. 만화 영화를 보고 있으면 꼭 내가 만화 영화의 주인공처럼 정의의 편에 서서 종횡무진 악당을 물리치면서 활약하는 것 같거든.

민호야, 꿈 깨라, 꿈 깨. 난 만화 영화도 싫어하지만 그러는 네가 더 싫다, 싫어!

 상대의 의사는 무시하고 자신의 생각만을 강요하나요?

진표야, 농구부에 들어라. 농구가 몸에 얼마나 좋은 운동인데. 그래야 작은 네 키도 쑥쑥 클 거 아니니? 어서 들어와, 응?

이그그, 이걸 그냥. 넌 키도 크고 날씬해서 잘 뛰어다니고, 점프도 잘해서 골을 잘 넣는다는 거 나도 안다. 하지만 난 이렇게 땅딸하고 뚱뚱하잖냐…. 농구를 하다 보면 살도 빠지고, 키도 크겠지만 언제 그렇게 되겠냐? 그리고 당장 내가 농구장에 들어서면 친구들의 비웃음만 살 게 뻔하잖냐, 엉?

이렇게 연습하세요.

자신의 입장에서만 생각하지 마세요.

"세준아, 너 만화영화 좋아하니?"

"아니, 싫어해. 유치원에 다닐 때는 좋아했어. 하지만 초등학교에 와서부터는 책 읽는 게 더 좋아. 논리 논술에도 도움이 되고 말이야."

"아, 그렇구나. 네 말을 듣고 보니까, 난 너무 만화 영화에만 빠져서 사는 것 같구나. 그래, 나도 이제부턴 책을 읽어야지."

상대의 의사는 무시하고 자신의 생각만을 강요하지 마세요.

"진표야, 너 농구부에 들어라. 농구가 얼마나 좋은 운동인데."

"나도 들고 싶어. 하지만 지금은 싫어."

"왜? 내가 도와 주면 되잖아."

"도와 준다니 고맙지만, 넌 키도 크고 날씬해서 잘 뛰고, 점프를 해서 골을 잘 넣잖아. 하지만 난 땅딸하고 뚱뚱하잖니. 농구를 하다 보면 살도 빠지고, 키도 크겠지만 언제 그렇게 되겠어. 그리고 당장 내가 농구장에 들어서면 친구들의 비웃음만 살 게 뻔하잖니?"

"미안하다, 진표야, 내 생각만 해서."

　내 입장에서 벗어나 상대의 입장에서 생각해 보세요. 자신과 비슷한 의견과 차이점도 찾을 수 있지만, 그와는 정반대일 때도 있습니다.

　의견이 비슷하다면 서로 조금씩 양보를 해서 의견의 일치를 볼 수도 있지만, 정반대일 경우에는 사정이 완전히 다릅니다. 왜 반대일까를 생각하다 보면 자연스럽게 '내가 너무 고집을 부렸구나', '상대가 원하지 않는 걸 내가 시켰구나', '이건 쟤가 할 수 없는 일인데 내가 억지를 부렸어' 하는 결론을 얻게 될 것입니다.

　이렇게 자신보다 상대의 입장에서 일을 생각하고 처리하다 보면 어느새 자신은 좋은 품성을 지니게 되어 주위에 좋은 친구들이 끊이지 않을 것입니다.

21 대답할 때는 요점을 정해서

친구와 이야기를 하면서 도대체 무엇을 말하고 싶은 것인지 알 수 없었던 때가 있었을 거예요. 상대가 요점 없는 이야기를 끝없이 늘어놓아서 지루했던 적도 있었을 거예요.

대화 도중에 지루하게 느낀 이유는 왜지요?

예를 들어 파이를 살 때,

"호두 파이랑, 사과 파이랑……."

하고 말한다면 점원은,

'얘는 이걸 다 사려는 걸까?'

라고 생각할 수 있습니다. 그러나 처음부터,

"호두 파이 한 조각이랑, 사과 파이 한 조각이랑……."

하고 말하면 점원은 미리 작은 상자를 준비할 것입니다.

이처럼 처음부터 상대에게 요점을 말하면 상대가 쉽게 대응할 수 있습니다.

무엇을 말하고 싶은 걸까요?

너는 강아지를 좋아하니?

응, 무지무지 좋아해! 강아지는 귀엽고 주인 말도 잘 듣고, 그리고 집도 지켜 주잖아. 아! 맞다. 그리고 강아지는 사람이랑 마음이 통해. 음, 그리고 또.

애는 도대체 좋아하는 이유가 몇 개나 되는 거야.

 언제쯤 끝날까요?

산책하는 거 좋아하니?

무척 좋아해. 걷고 있으면 기분이 좋아지고, 운동도 되잖아. 길가에 피어 있는 꽃을 보는 것도 즐겁고 말이야. 음, 그리고….

와, 너무 길다 길어. 언제 끝날까?

이렇게 연습하세요.
강아지를 좋아하는 이유

너는 강아지를 좋아하니?

응, 무지무지 좋아해.

이유가 뭐니?

이유는 두 가지야. 첫째, 강아지는 주인을 잘 따르기 때문이고, 둘째는 강아지와 함께 노는 것이 즐겁기 때문이지.

산책을 좋아하는 이유

산책하는 거 좋아하니?

무척 좋아해.

왜 그렇게 좋아하는데?

이유는 두 가지야. 첫째는 걷고 있으면 기분이 좋아지기 때문이고, 둘째는 길가에 피어 있는 꽃을 보는 것도 즐겁기 때문이야.

자신의 생각을 잘 정리하고 순서를 정해서 말하면 상대에게 하고 싶은 말을 명확하게 전달할 수 있습니다. 그렇게 하면 자신이 전하려는 뜻을 상대도 정확하게 받아들여서 쉽게 대응할 수 있습니다. 그러면 의사 소통도 잘 이루어져 대화하는 것이 즐거울 것입니다.

22 나는 무엇이 될까요?

"민호야, 너는 이담에 커서 무엇이 되고 싶니?"

여러분은 이러한 질문을 받은 적 있지요? 아버지와 어머니도 자녀나 다른 집 어린이에게 이러한 질문을 한 적 있지요? 이런 질문에 여러분은 어떻게 대답했나요?

농구 선수, 축구 선수, 야구 선수, 학교 선생님, 피아노 선생님, 발레리나, 신문 기자, 교사, 의사, 스튜어디스, 비행기 조종사……. 여러분이 되고 싶은 것, 되고 싶었던 직업은 수없이 많을 것입니다.

그런데 여러분이 왜 그런 직업을 갖고 싶어하는지 생각해 본 적은 별로 없을 것입니다.

여러분은 그 직업을 갖고 싶은 구체적인 이유가 틀림없이 있을 것입니다.

여기서는 왜 그런 직업을 갖고 싶은지에 대한 이유를 확실하게 설명하는 연습을 합시다.

여러분은 커서 무엇이 되고 싶나요?

"근영아, 넌 이담에 커서 무엇이 되고 싶은지 생각해 본 적 있니?"

"있어요, 엄마. 전 축구선수가 되고 싶어요."

"왜 축구 선수가 되고 싶지?"

"멋있잖아요."

"축구 선수는 왜 멋있다고 생각하니?"

"저, 그냥…."

"음, 난 왜 축구 선수가 되고 싶은 거지?"

 근영이의 입장이 되어 왜 축구 선수가 되고 싶어하는지 생각해 보세요.

⑴ 운동을 좋아하니까.

⑵ 세계적인 무대에서 운동을 할 수 있으니까.

⑶ 외국에 가고 싶은 내 꿈을 이룰 수 있으니까.

⑷ 월드컵에 출전하고 싶으니까.

⑸ 스스로 판단해서 시합을 이끌어 가는 게 좋으니까.

⑹ 골을 넣었을 때의 기분이 최고니까.

⑺ 11명이 협력해서 경기하는 것이 재미있으니까.

⑻ 생각하고 움직이고 협력하는 것이 매력적이니까.

이렇게 연습하세요.
축구 선수가 되고 싶어요.

근영이는 이담에 커서 무엇이 되고 싶니?

엄마, 저는 커서 축구 선수가 되고 싶어요.

왜 축구 선수가 되고 싶은데?

이유는 세 가지예요.
첫째는 잔디밭에서 경기하는 모습이 멋있기 때문이고요,
둘째는 저 스스로가 생각하고 순간적으로 판단해서 경기를 진행하는 게 재미있기 때문이에요.
그리고 셋째는 선수 열한 명이 서로 협력해서 경기를 이끌어 가는 게 재미있기 때문이에요.

그런 여러 가지 이유가 있었구나. 축구는 스스로 생각하고 순간적으로 판단하는 운동이었구나. 공만 차는 그런 운동 경기가 아니었구나.

맞아요, 엄마.
공을 차는 것도 재미있지만, 더 재미있는 건 팀원 모두가 협동해서 골을 넣었을 때지요.

피아노 선생님이 되고 싶어요.

"윤경아, 너는 이담에 커서 무엇이 되고 싶니?"

"아빠, 저는 커서 피아노 선생님이 되고 싶어요."

"왜 피아노 선생님이 되고 싶은데?"

"이유는 두 가지예요. 첫째는 피아노를 치고 있으면 행복해요. 그리고 둘째는 음악을 좋아하니까 음악에 관련된 일을 매일매일 하고 싶기 때문이에요."

"아, 그렇구나. 우리 윤경이가 피아노 선생님이 되고 싶은 이유를 아주 구체적으로 생각하고 있구나."

지혜 창고

어떤 일을 할 때는 꼭 이유와 결과에 대해서 꼼꼼하게 생각하고 계획을 세워서 실행해야 합니다. 그렇지 않으면 누군가가 '왜 그 일을 하고 싶니?' 하고 물을 때 당황합니다.

아버지와 어머니는 평소에 '왜?'라는 의문에 대한 해답을 찾도록 자녀와 대화해야 합니다. 그렇게 하면 자녀에게 자연스럽게 그 의문에 대한 해답을 스스로 찾아내는 사고 습관이 형성됩니다.

23 이유를 설명하는 순서

"강아지와 고양이 중에서 어느 쪽이 좋으니?"

"나는 강아지가 좋아. 이유는 고양이가 싫기 때문이야."

우리는 이런 질문을 받았을 때 이렇게 단순하게 대답하는 경우가 많습니다. 이러한 대답은 자세히 생각하지 않고 간단하게 할 수 있습니다. 또는 고양이가 싫은 이유만 줄줄이 말하고 강아지가 좋은 이유는 말하지 않는 때도 있습니다.

이러한 대답은,

"어느 쪽이 좋으니?"

라는 질문에 대한 대답으로 맞지 않습니다. 왜냐하면 강아지가 왜 좋은지 그 이유가 상대에게 전달되지 않기 때문입니다.

강아지를 좋아하는 이유를 알겠나요?
강아지를 좋아하는 이유가 고양이를 싫어하기 때문이라고 한 것은 올바른 대답이 될 수 없습니다.

너는 강아지와 고양이 중에서 어느 쪽이 좋으니?

나는 강아지가 좋아. 왜냐하면 고양이가 싫기 때문이야.

고양이를 싫어한다는 건 알았지만, 강아지를 좋아하는 이유는 모르겠구나.

 ### 이유를 설명하는 데도 순서가 있어요.
강아지를 좋아하면서 고양이가 싫은 이유를 먼저 설명하면 상대를 혼란스럽게 할 수도 있습니다.

너는 강아지와 고양이 중에서 어느 쪽이 좋으니?

나는 강아지가 좋아. 왜냐하면 고양이는 쌀쌀맞거든.

고양이가 싫은 이유를 먼저 말하니까 이상하다.

그러니? 음, 강아지를 좋아하는 이유는….

이렇게 연습하세요.
상대에게 좋아하는 이유를 먼저 설명하세요. 그런 뒤에 싫어하는 이유를 설명하면 상대는 쉽게 이해할 수 있습니다.

너는 빵과 밥 중에서 어느 쪽이 좋으니?

나는 밥이 좋아. 왜냐하면 빵은 매일 먹으면 질리기 때문이야.

그건 밥을 좋아하는 이유가 될 수 없어. 먼저 밥이 좋은 이유를 말하고, 그 다음에 빵이 싫은 이유를 말해 봐.

그렇구나. 네가 밥을 좋아하는 이유를 잘 알았어. 또 빵을 싫어하는 이유도 잘 알았다.

그래, 알았어. 내가 밥이 좋은 이유는 두 가지야. 첫째, 밥은 여러 가지 반찬과 어울리기 때문이야. 둘째, 밥은 매일 먹어도 질리지 않기 때문이지. 하지만 빵은 매일 먹으면 질리기 때문에 싫어하는 거야.

"어느 쪽이 좋으니?"

라는 질문을 받으면 먼저 왜 좋아하는지 그 이유를 구체적으로 설명한 뒤에 왜 싫어하는지 그 이유를 설명합니다.

이렇게 하면 상대가 충분히 이해할 수 있을 뿐만 아니라 자신이 논리적으로 대답하는 능력도 향상됩니다.

24 설득력 있는 대답

"넌 고양이와 강아지 중에서 어느 쪽이 좋으니?"라는 질문과 "넌 애완용 동물을 키운다면 고양이와 강아지 중에서 어느 쪽을 선택하겠니?"라는 질문의 대답은 각각 다릅니다.

'좋다, 싫다'의 대답을 요구하는 질문이라면 여러분의 감정을 토대로 대답해도 괜찮습니다.

"강아지는 사람을 잘 따르고 귀엽기 때문에, 고양이는 털이 보송보송하고 부드러우니까."라고 좋아하는 이유를 대답하면 됩니다. 그러나 '애완용 동물을 키운다면'이라고 선택을 전제로 질문한다면 집의 환경과 상태, 가족 중에서 동물 알레르기가 있는지 없는지 등을 생각해야 합니다.

'좋다, 싫다'라는 것은 감정적, 감각적인 행위입니다. 그러나 선택한다는 것은 객관적, 논리적인 행위입니다. 그래서 "어느 쪽을 선택합니까?"라고 질문을 받았을 때는 보다 설득력 있게 대답해야 합니다.

'좋다'와 '선택하다'는 달라요.
'좋다'라고 대답한 것은 감정적인 이유입니다.

넌 필기할 때 연필과 볼펜 중에서 어느 쪽을 선택해서 쓸 거니?

난 연필이 좋으니까 필기할 때는 연필!

네가 연필을 좋아하는 건 알겠는데, 왜 연필을 선택하는지에 대해서는 잘 모르겠어.

그런 건 생각해 본 적이 없어.

 설득력 있는 이유를 설명해야 해요.
'좋다', '멋있다'는 감정적인 이유입니다.

넌 학교에 갈 때 옆으로 메는 가방과 등에 짊어지는 배낭 중 어느 쪽을 선택할 거니?

난 배낭이 좋아. 멋지잖아.

얘, 그 대답은 책가방으로 배낭을 좋아하는 이유지, 왜 배낭을 선택하는지에 대한 대답은 아니란다.

이렇게 연습하세요.
'선택할 거니?'라고 물었을 때는 '선택하다'라는 말을 넣어서 대답하세요.

> 넌 필기할 때 연필과 볼펜 중에서 어느 쪽을 선택할 거니?

> 난 연필이 좋으니까 필기할 때는 연필을 선택해서 쓸 거야.

이번 대답에는 '선택'의 이유가 구체적으로 설명되어 있습니다.
연필과 볼펜의 차이를 생각해 보면 설득력 있는 대답을 할 수 있습니다.

> 연필을 좋아하는 건 잘 알았어. 그런데 선택한 이유는 잘 모르겠어.

> 난 연필을 선택해서 쓸 거야. 내가 연필을 선택하는 이유는 두 가지야. 첫째, 연필은 지우개로 지울 수 있기 때문이야. 그리고 둘째, 연필은 부드러워서 쓰기 편하기 때문이란다.

　자녀가 어떤 사물에 대해 감정적인 이유를 말했을 때는 그것이 감정이나 인상을 말하는 것이라고 설명해 주세요. 그리고 그 사물로 인해 왜 그런 감정이나 인상을 갖게 됐는지 이유를 보다 구체적으로 생각할 수 있도록 유도해 주세요.

25 무엇인가를 요구할 때 1

"아빠, 자전거 사 주세요."

"엄마, 엄마. 저 가방 사 주세요. 친구들은 다 가지고 있단 말이에요."

무엇인가를 사 달라고 할 때 여러분은 아버지나 어머니에게 이렇게 말하나요? 위와 같은 말들은 고집피우는 소리나 투정부리는 소리, 버릇없는 소리로 들립니다. 무엇을 사 달라고 하기 전에 여러분은 '정말 그것을 갖고 싶은가?', '왜 갖고 싶은가?'에 대해서 생각해 보았나요?

여러분이 진정으로 갖고 싶은 물건이 있다면 논리 정연하게 이유를 말하고 부모님께 부탁해 봅시다. 그러기 위해서는 이유를 논리적으로 생각할 필요가 있습니다.

여러분은 고집쟁이인가요?

"아빠, 새 자전거 사 주세요, 네?"

"왜? 진표야. 지금 있는 자전거 아직 충분히 탈 수 있잖니?"

"친구들은 다 새 자전거 타고 다닌단 말예요. 사 줘요, 사 줘, 네?"

"이런 고집쟁이! 지금 있는 자전거로 충분해!"

 여러분은 투정꾼인가요?

"엄마, 새 가방 사 줘요. 사고 싶은 가방이 있어요."

"어머머, 얘 봐. 수미야, 얼마 전에도 새 가방 샀잖아!"

"친구들은 다 꽃무늬 가방 갖고 다닌단 말예요. 그 가방 사 줘요, 사 줘!"

"친구들이 다 갖고 다닌다는 건 이유가 안 돼!"

"그래도 갖고 싶어요. 사 줘요, 사 줘, 네?"

"새 가방을 갖고 싶은 뚜렷한 이유를 말하지 않고, 막무가내로 투정만 부리면 사 줄 수가 없어!"

이렇게 연습하세요.
아빠, 새 자전거 사 주세요.

"아빠, 새 자전거 사 주세요, 네?"

"왜? 진표야. 너 지금 있는 자전거 아직 충분히 탈 수 있잖니?"

"친구들은 다 산에서도 탈 수 있는 자전거 타고 다닌단 말예요. 사 줘요. 사 줘, 네?"

"진표야, 지금 있는 자전거가 고장이 난 것도 아니잖니?"

"친구들이랑 놀 때 내 자전거가 가장 늦단 말이에요."

"산에서도 탈 수 있는 자전거와 지금 네 자전거와 어떻게 다른데?"

"기어가 달려 있어서 빠르고, 바퀴가 튼튼해서 울퉁불퉁한 길에서도 잘 달릴 수 있어요."

"그렇구나. 그런 이유가 있어서 갖고 싶은 거구나. 그럼 처음부터 정리해서 다시 말해 보거라."

"네, 아빠. 새 자전거 사 주세요. 산에서도 탈 수 있는 자전거요. 그 자전거는 기어가 달려 있어서 지금 제가 타는 자전거보다 훨씬 빠르고, 바퀴도 튼튼해서 울퉁불퉁한 길에서도 잘 달려요."

엄마, 새 가방 사 주세요.

"엄마, 새 가방 사 줘요. 사고 싶은 가방이 있어요."

"수미야, 그럼 네가 왜 새 가방이 필요한지 이유를 대 봐."

"이유는 두 가지가 있어요. 첫째는 지금 갖고 다니는 가방은 너무 오래 되어서 밑바닥이 닳았고 장식도 떨어졌기 때문이에요. 둘째는 요즘 유행하는 가방이 있는데 우리 반에서는 나만 없기 때문이에요."

"그렇구나. 수미, 네가 왜 새 가방을 사 달라고 하는지 그 이유를 알았다. 이번 주말에 사 줄게."

지혜 창고

꼭 필요할 때는 설득력 있는 이유가 필요합니다. 요즘 자녀의 요구를 무조건 들어주는 아버지나 어머니가 많습니다. 그러나 그것은 자녀가 자신의 생각을 조리 있게 표현할 수 있는 기회를 아버지와 어머니가 빼앗고 있는 것입니다. 그러니 아버지와 어머니는 대화를 통해서 자녀의 강한 의지를 확인하세요. 그렇게 하면 자녀의 표현 능력이 좋아질 것입니다.

26 무엇인가를 요구할 때 2

"엄마, 물통 사 주세요."
"아빠, 컴퓨터가 필요해요."

무엇인가를 요구할 때 쓰는 두 가지 표현 '사 주세요'와 '필요해요'의 차이점은 무엇일까요?

'사 주세요'라는 표현은 자신의 의지에 따른 요구입니다. 여러분의 감정이나 희망에 따라 뭔가가 갖고 싶을 때 '사 주세요'라는 표현을 씁니다. 그러나 '필요해요'라는 표현은 외부에 의해서 발생하는 요구일 때가 많습니다. 여러분은 어떠한 상황에서 누군가의 요구로 무엇인가가 필요하게 됩니다. 그러므로 필요한 물건을 갖기 위해서는 어떠한 상황에서 그것이 필요한지, 왜 필요한지, 그것을 필요로 하는 것이 누구 때문인지, 무엇 때문인지를 구체적으로 밝히면 상대를 이해시키고 설득할 수 있습니다.

'사 주세요'와 '필요해요'의 차이점는 무엇일까요?

엄마, 물통 사 주세요! 큰것으로요. 축구할 때 필요해요. 그러니까 꼭 사 주세요, 네?

그 물통 정말 필요한 거니? 네가 갖고 싶으니까 필요하다고 말하는 건 아니고? 지금 있는 물통으로 충분하잖아. 게다가 집에 다른 물통도 있잖니?

하여튼 필요해요. 아무 거라도 괜찮으니까 사 주세요!

그렇다면 왜 필요한지 그 이유를 말해 보렴.

 필요한 물건을 요구할 때는 구체적인 이유를 설명하세요.

엄마, 컴퓨터가 꼭 필요해요. 제발 부탁이니까 사 주세요, 네?

컴퓨터가 얼마나 비싼지 알지? 집에 한 대 있잖아. 그걸로 충분해!

하지만 그건 엄마가 쓰는 거잖아요. 엄마가 쓸 땐 제가 못 쓰잖아요. 제가 공부할 때 쓰려는 거예요. 꼭 필요하단 말예요.

그렇다면 왜 꼭 필요한지 그 이유를 자세히 말해 봐.

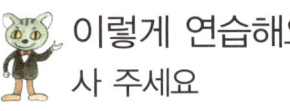 이렇게 연습해요

사 주세요

"엄마, 물통 사 주세요! 큰 것으로요. 축구할 때 필요해요. 그러니까 꼭 사 줘요, 네?"

"그 물통 정말 필요한 거니? 지금 있는 물통으로 충분하잖아. 게다가 집에 다른 물통도 있잖니?"

"날씨가 더워져서 물을 많이 마시는데 지금 갖고 있는 물통은 너무 작아요. 그래서 물이 모자라요."

"그렇구나. 물을 많이 마신다는 건 알았어. 하지만 집에도 물통이 있으니 두 개를 가지고 가면 되지 않겠니?"

"엄마, 책가방에 축구화랑 수건, 물통 하나를 넣으면 꽉 차요. 그러니까 이 리터짜리 물병이 꼭 있어야 한다구요."

"그런 이유라면 알았어. 엄마가 새 물통을 사 줄게. 큰 것으로 말이야."

필요해요.

"아빠, 컴퓨터가 꼭 필요해요. 제발 부탁이니까 사 주세요."

"집에 한 대 있잖아. 그걸로 충분해!"

"하지만 그건 형이 쓰는 거잖아요. 형이 쓸 땐 제가 못 쓰잖아요. 제가 공부할 때 쓰려는 거예요."

"꼭 필요하다면 그 이유를 자세히 설명해 봐."

"컴퓨터가 필요한 이유는 세 가지예요. 첫째는 학교에서 조사 학습이 많아져서 컴퓨터로 자료를 수집해야 하기 때문이에요. 둘째는 컴퓨터를 형이랑 함께 쓰다 보니까 중요한 데이터를 지울지도 모른다고 생각이 들어요. 셋째는 형이 컴퓨터를 독차지해서 제가 필요할 때 쓸 수 없어요. 그래서 저 혼자 쓰는 컴퓨터가 필요한 거예요."

"그런 이유라면 엄마랑 상의해 봐야겠다."

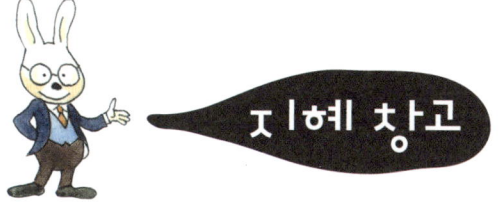

자녀가 '필요'하다는 요구를 했을 때 부모님은 일부러 이해하지 못하겠다는 듯 연기를 해 봅시다. 경우에 따라서는 '허락한다'는 것을 전제로 자녀를 유도하는 것도 중요합니다. 자녀가 이유를 명확히 설명했을 때는 칭찬을 아끼지 맙시다. 위와 같은 훈련 과정을 통해서 자녀의 표현력과 설득력은 향상될 것입니다.

27 대화할 때 끼어들지 말 것

　여러분은 대화할 때 상대가 이야기하는 도중에 끼어들거나 또는 상대가 여러분이 이야기하는 도중에 끼어든 적이 있나요? 한참 이야기를 하고 있는데 중간에 말이 끊긴다면 '상대가 나와 대화하는 것을 싫어하는 것은 아닐까?' 또는 '상대가 나를 무시하는 것은 아닐까?' 하고 불쾌한 기분을 느낄 것입니다.

　상대가 이야기할 때 끝까지 차분하게 들어주는 것은 원활한 의사 소통을 위한 기본 자세입니다.

여러분은 이야기하는 도중에 끼어드는 상대를 어떻게 생각하나요?

민호가 용우에 대해서 말을 하려고 한 것은 진표가 웅변반에서 게임기로 게임을 해 봤는지를 물으려고 한 것입니다. 그런데 진표가 민호의 이야기 도중에 끼어드는 바람에 이야기가 엉뚱한 방향으로 흘러갔습니다.

 여러분은 상대가 이야기하는 도중 끼어들면 어떤 기분이 드나요?

상대가 이야기하는 도중 끼어들면 무시당했다는 기분이 들 것입니다.

이렇게 연습하세요.
　대화할 때는 상대의 이야기를 잘 들어주세요.

어제 용우가 웅변반에서…….

용우가 왜?

응, 용우가 웅변반에서 자기 게임기를 가져와서 선생님 몰래 하는 걸 봤어. 잘못인 줄은 알지만 재미있어 보여서 말야. 너도 해 봤니?

나도 몇 번 해 봤지. 선생님께는 죄송했지만, 재미있었어.

대화할 때는 상대가 하는 이야기를 끊지 마세요.

얘들아, 생일 축하해 줘서 고마워. 우리 뭐 하고 놀까?

놀이터에 가서 놀까?

놀이터도 좋지만, 내 생각엔 PC방에 가서 게임하는 게 더 재미있을 것 같아. 안 그래?

그래, 그거 재미있겠다.

지혜 창고

상대와 대화하다 보면 내 생각과는 다른 경우가 있어 답답함을 느낄 때가 있습니다. 그렇다고 상대가 이야기하는 도중에 말을 끊고 끼어들면 상대는 무시당했다고 오해해서 기분이 무척 나쁠 것입니다.

대화할 때는 상대가 하는 이야기를 끝까지 다 들어주어야 불필요한 오해를 막을 수 있습니다.

때로는 자신도 상대의 생각과 전혀 다른 의견을 이야기 할 때가 있습니다. 그때 상대가 중간에 말을 끊는다면 기분이 어떨까요?

끝까지 상대의 말을 경청한 다음 자신의 의견을 이야기 한다면 대화 주제에 맞는 결론을 이끌어 낼 수 있을 것입니다.

28. '재미있다'와 '재미없다'

"넌 왜 태권도를 좋아하니?"

"생각해 본 적 없어. 재미있으니까 그냥 좋은 거지 뭐."

이런 대답은 여러분이 태권도를 좋아하는 이유를 설명하는 것이 아닙니다. 여러분이 '재미있으니까'라고 대답했다면, 그것은 사물에 대한 여러분의 인상이나 감상만 대답한 것이 되고 구체적인 이유를 설명한 것은 아닙니다.

'재미있다', '재미없다'라는 인상이나 감상을 표현할 수 있다면, 다음에는 각각의 구체적인 이유를 분석해서 논리적으로 설명해 보세요.

'재미있다'고 생각하는 이유를 말해 보세요.
재미있다고 생각하는 이유는 무엇일까요?

줄넘기를 좋아하니?

응, 좋아해. 재미있으니까.

무엇이, 왜 재미있는데?

⑴ 줄넘기는 혼자 뛰기, 둘이 뛰기, 뒤로 뛰기, X 뛰기, 한 번 뛸 때 두 번 돌리기 등 뛰는 방법이 다양하니까.

⑵ 혼자서 할 수 있으니까.

⑶ 횟수에 도전할 수 있으니까.

⑷ 언제, 어디에서나, 좁은 곳에서도 할 수 있으니까.

⑸ 여럿이 함께 할 수 있으니까.

⑹ 친구들과 횟수나 속도를 겨룰 수 있으니까.

⑺ 체력을 기를 수 있으니까.

'재미있다' 안에는 이렇게 구체적인 이유가 많이 들어 있습니다.

재미없다고 생각하는 이유는 무엇일까요?
민호가 재미없다고 생각하는 이유는 무엇일까요?

(1) 인원이 너무 많으니까.

(2) 그림을 그릴 수 있는 커다란 책상이 두 개뿐이니까.

(3) 실력이 늘지 않으니까.

(4) 컴퓨터를 이용한 그리기 등 다양한 방법을 가르쳐 주지 않으니까.

(5) 대회에 작품을 출품하지 않고 연습만 반복하니까.

이렇게 논리적으로 정리하면 '재미없다'의 이유를 명확히 알 수 있습니다.

　자녀가 '재미있다', '재미없다'라고 말하면 아버지와 어머니는 왜 그렇게 생각하는지 그 이유를 자녀에게 물어 보세요. 처음에는 당황하거나 피할 수도 있습니다. 그러나 지속적으로 반복하면 자녀도 즐겁게 이유를 말하게 될 것입니다. 아버지와 어머니가 끈기를 가지고 자녀에게 이유를 말하게 하는 연습을 계속 시킨다면 자녀는 사물에 대해 깊이 생각하게 될 것입니다. 이유를 묻는 것은 논리적인 사고를 키우는 데 아주 중요한 방법 중에 하나입니다.

　구체적인 이유를 유도해 내는 것은 자녀가 사물에 대한 인상을 평가하는 것에서 시작됩니다. 그러니 아버지와 어머니는 자녀가 '왜', '어째서', '어떻게'라는 질문을 자주 해도 귀찮아하지 말고 자세하게 대답해 주세요.

29 사실과 의견의 차이

여러분은 사실과 의견을 어떻게 구분해서 말하고 있나요?

"그것에 대해서 근영이가 사실이라고 말했기 때문에 나도 사실이라고 생각해."

'근영이가 사실이라 말했다'는 여러분이 들은 사실입니다.

'나도 사실이라고 생각해'는 여러분의 의견입니다.

본 것, 들은 것, 정말 일어난 일은 사실입니다. 그러나 느낀 것, 생각한 것은 의견입니다.

여러분은 꾸준히 연습해서 사실과 의견을 구분하는 능력을 길러야 합니다.

누가 그렇게 말했는지, 어디에 그렇게 적혀 있는지, 누구에게 들은 말인지, 또는 여러분 스스로 생각한 것인지 등 책임의 소재를 명확히 하는 것은 매우 중요합니다.

여러분은 사실과 의견을 구분할 수 있나요?

"엄마, 근영이는 참 좋겠어. 초등학교 일학년 때부터 사 년 동안 미국에 있었대. 그래서 영어를 잘 하나 봐. 난 근영이가 영어로 이야기하는 걸 들은 적은 없지만, 무지무지 부러워! 지난번에 미국인 선생님이 왔을 때, 아이들 앞에서 미국인 선생님이랑 쫠쫠쫠 이야기도 했었대. 내가 아파서 결석한 날 말이야. 정말 굉장하지? 영어를 한국어로 통역하기도 했대. 근영이는 워싱턴에서 살았대. 나도 미국에 가 보고 싶어. 영어를 잘 하면 정말 편할 텐데!"

 사실과 의견을 정리합시다.

용우는 근영이에게 직접 들은 이야기, 친구들에게 들은 이야기, 내가 느낀 것이나 생각한 것을 뒤섞어서 복잡하게 말했습니다.

직접 들은 사실

– 초등학교 1학년 때부터 4년 동안 미국에 있었다는 것.

– 근영이가 워싱턴에서 살았다는 것.

친구들에게 들은 사실

- 영어를 잘 한다는 것.
- 미국인 선생님이 왔을 때 친구들 앞에서 미국인 선생님과 이야기했다는 것.
- 영어를 한국어로 통역했다는 것.

자신의 의견

- 부럽다는 것.
- 굉장하다는 것.
- 나도 미국에 가고 싶다 것.
- 영어를 잘 하면 편하겠다는 것.

 사실과 의견을 정리해서 말합시다.
질문하는 사람도, 대답하는 사람도 사실과 의견을 구분합시다.

《삼국유사》는 누가 쓴 책이니?

고려 충렬왕 때, 일연 스님이 쓴 역사책이야. 고구려와 신라, 그리고 백제 세 나라의 사적 및 신화, 전설, 시와 가사 같은 게 풍부하게 기록되어 있는 책이지.

그 책, 읽어 봤니? 재미있었니?

난 《어린이 삼국유사》를 읽었어. 그 책에는 단군 이야기도, 박혁거세 이야기도 담겨 있었어. 너무 재미있어서 눈 깜짝할 사이에 다 읽었다니까.

이렇게 연습하세요.

(1) 무궁화는 대한민국을 대표하는 꽃입니다. (사실)

(2) 무궁화는 아름답습니다. (의견)

(3) 제주도는 섬입니다. (사실)

(4) 컴퓨터 게임은 재미있습니다. (의견)

(5) 축구는 11명이 한 팀입니다. (사실)

(6) 어린이는 일찍 자고 일찍 일어나야 합니다. (의견)

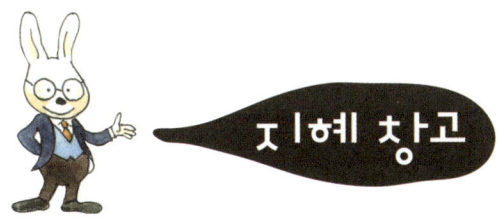

사실은 한 가지입니다. 그러나 의견은 여러 가지이며 모두 다릅니다. 사람은 각각 개성을 갖고 있기 때문에 생각이나 감각이 다른 것은 당연합니다. 그래서 서로의 생각이 다르다는 것을 어릴 때부터 인식하는 것은 매우 중요합니다. 사실과 의견을 구분하는 능력은 날카로운 검증력, 판단력, 비판력으로 이어집니다.

30 자신의 의사 결정하기

"여러분은 학생이 자기 방에 텔레비전을 설치한다는 것에 찬성합니까, 반대합니까?"

학급 회의에서 위와 같은 주제로 토론을 하고 있을 때, 여러분은 찬성과 반대 어느 쪽을 선택할지 고민하고 있습니다.

"찬성하는 사람은 손을 들어 주십시오."

그러자 여러분은 주위 친구들의 눈치를 살피면서 손을 들까 말까 망설이다 손을 들었습니다.

"왜 찬성하는지 이유를 말해 주십시오."

"모두 손을 드니까 따라서 들었습니다."

"모두 그렇다고 하니까 그냥 들었습니다."

여러분은 이런 경험이 있을 것입니다. 그러나 이렇게는 토론이 될 수 없고 여러분의 생각도 알 수 없습니다. 회의 진행자가 묻는 것은 여러분의 의견입니다.

여기서는 자신 있게 자기 의견을 말할 수 있도록 연습하세요.

자신의 입장을 분명히 하세요.

오늘의 주제는 '누워서 책을 읽는 것에 찬성인가, 반대인가?' 입니다.

앗! 큰일이다. 눈을 마주쳤어. 지적당하면 어떡하지? 아직 정하지 않았는데…. 다른 친구들은 어떨까? 찬성인가, 반대인가? 음…. 그런 걸 어떻게 결정해. 물론 나쁘다는 건 알고 있지만 누워서 책을 읽으면 몸도 편하고 기분도 좋단 말이야.

여러분은 찬성입니까, 반대입니까?

 **의견의 근거를 생각하세요.**

만약 학교 수업을 매일 오전 수업으로 끝낸다면 경수는 찬성입니까, 아니면 반대입니까?

저는 찬성이에요. 물론 찬성! 대찬성!! 매일 여섯 시간씩 수업하는 건 너무 지겨워요. 오전 수업으로 끝난다면 정말 신날 텐데 말예요."

이렇게 연습하세요. 1

이렇게 자신의 입장을 확실하게 설명하면 모두가 이해할 수 있는 확실한 의견이 많이 나옵니다.

"지금부터 학급 회의를 시작하겠습니다. 오늘의 주제는 '책을 읽을 때 누워서 읽으면 좋다는 의견에 찬성인가, 아니면 반대인가?'입니다. 정이는 찬성합니까, 아니면 반대합니까?"

"저는 누워서 책을 읽는 것을 반대합니다."

"왜 반대하는지, 그 이유를 설명해 주십시오."

"누워서 책을 읽으면 시력이 나빠지기 때문입니다."

"왜 시력이 나빠집니까?"

"누워서 책을 읽으면 눈과 책의 거리가 가깝기 때문입니다. 또 어둡기 때문이랍니다."

"아, 그렇군요. 그 밖에 반대하는 이유는 또 없습니까?"

"저는 누워서 책을 읽으면 목과 등이 아프기 때문에 반대합니다."

 이렇게 연습하세요. 2

"만약 학교 수업을 매일 오전 수업으로 끝낸다면 세준이는 찬성합니까, 아니면 반대합니까?"

"저는 오전 수업으로 끝내는 것을 찬성합니다."

"왜 찬성하는지, 이유를 설명해 주십시오."

"오전 수업으로 끝나면 오후를 여유롭게 보낼 수 있기 때문입니다. 친구들과 놀 수 있는 시간도 많아지고, 시간이 늦어서 숙제를 못하는 일도 없기 때문이지요."

"그럼, 정리해서 처음부터 다시 말해 주십시오."

"저는 학교 수업을 오전에 마치는 것을 찬성합니다. 이유는 두 가지입니다. 첫째 이유는 학교 수업이 오전에 끝나면 오후에는 친구들과 놀 수 있기 때문입니다. 둘째 이유는 여유 있는 시간이 많아져서 숙제를 못 하는 일도 없기 때문이랍니다."

이렇게 찬성한다는 말만 하고 끝내는 것이 아니라, 다시 정리해서 자세히 생각해 보세요. 그러면 어떤 일을 어떻게 할 수 있을지 확실하게 알 수 있습니다.

가정에서도 서로의 의견에 차이가 있는 것은 당연한 것이라 생각하고 서로의 의견을 교환하는 기회를 자주 만드세요. 가정에서도 토론할 수 있는 주제는 많습니다. 여러 가지 주제를 적극적으로 발표해서 '찬성? 반대?'의 입장에서 대화를 나누어 보세요.

31 찬성과 반대 의견을 말할 때

여러분은 자신과 반대 의견을 말하는 친구의 이야기는 듣지 않고 자신의 의견만 주장했던 적이 있나요?

그렇다면 여러분은 친구의 생각을 알 수 있는 기회를 놓친 것입니다. 친구는 어떤 이유로 여러분과 반대의 의견을 말했을까요? 여러분의 의견은 정말 올바른 것일까요? 친구의 의견에서 여러분이 배울 점이 있는 건 아닐까요?

친구의 의견에 반론을 제기하기 전에 친구의 입장에서 생각해 보세요. 친구를 이해하려는 여러분의 태도가 친구에게 전달되어 서로 유쾌한 대화를 할 수 있을 것입니다. 또한 자신과는 다른 의견을 말하는 이유를 생각하면서 여러분은 자신의 의견을 올바르게 검토할 수 있을 것입니다.

반대의 입장에서 생각해 본 적이 있나요?

오늘은 '컴퓨터 게임을 매일 자신이 하고 싶은 만큼 해도 된다는 의견에 찬성인가, 반대인가?'라는 주제에 대해 토론을 하겠습니다.

나야 물론 찬성이지…. 우리 중에 매일매일 게임을 하고 싶은 만큼 할 수 있다는데 누가 반대하겠어?

우선 찬성과 반대의 두 입장으로 나누겠습니다. 민호는 반대의 입장에서 말해 주십시오.

이거 큰일인데…. 난 반대니까 말이야.

 찬성의 입장에서 자신의 의견을 잘 정리해서 조리 있게 말했나요?

오늘의 주제는 '집 안에서 강아지를 키워도 된다는 의견에 찬성인가, 반대인가?'입니다. 집에서 강아지 같은 애완 동물을 키우고 있는 사람은 없습니까?

나는 강아지를 집 안에서 키우려고 했어. 하지만 엄마는 집 밖에서 키우라고 하셨지. 그런데 왜 그러셨을까?

이 문제에 대해 찬성과 반대의 두 입장으로 나누겠습니다. 윤경이는 찬성의 입장에서 말해 주십시오.

이렇게 연습하세요.

"민호는 '컴퓨터 게임을 매일 자신이 하고 싶은 만큼 해도 된다'라는 의견에 찬성입니까? 반대입니까?"

"저는 매일 하고 싶은 만큼 얼마든지 해도 된다는 의견에 반대합니다."

"그렇다면 왜 반대하는지 그 이유를 말해 주십시오."

"만약 매일 하고 싶은 만큼 게임을 한다면, 게임에 쏙 빠져서 숙제도 독서도 못 할 것입니다. 그렇게 공부도 안 하고, 친구들과 밖에서 놀지도 못할 게 뻔하기 때문입니다."

"아, 그렇군요. 그 외에 또 어떤 이유가 있습니까? 참 근영이는 최근에 시력이 많이 나빠졌다고 하던데요?"

"눈이 나빠진 건 컴퓨터 화면을 너무 오랫동안 보고 있어서 그런 겁니다."

"그렇군요. 많은 이유를 잘 말해 주었습니다. 반대의 입장에서 생각하는 게 얼마나 중요한 것인지를 깨달은 것 같습니다. 의견 고맙습니다."

자신의 의견에 순서를 정해서 논리 정연하게 설명하고, 자신과 다른 의견의 근거를 생각하여 표현하는 것은 쉬운일이 아닙니다. 그러나 계속 반복하여 연습하다 보면 토론이나 회의에서 상대를 설득하는 말하기를 배울 수 있게 됩니다.

32 의견이 서로 다를 때

자신과 상대의 의견이 다른 것은 당연한 것입니다. 자신과 상대의 의견이 다르기 때문에 대화를 하는 의미가 있는 것입니다. 그러나 서로의 의견이 다르면 충돌이 생기기 쉽습니다. 그럴 때에 편리한 것이 '물론, ……하지만', '그래, ……그런데'라는 표현입니다.

상대의 의견에 무조건 반론을 제기하지 말고 먼저 상대가 어떤 생각을 하고 있는지 이해하도록 노력하세요. 자신의 의견이 무조건 옳다고 주장하면 상대는 불쾌해지고 여러분과 대화가 성립되지 않을 것입니다.

'물론 네가 하는 말도 옳아. 하지만……'이라고 대답하면 여러분이 상대의 의견을 받아들이는 것이므로 상대도 불쾌하지 않을 것입니다.

이렇게 하면 서로 유쾌한 의사 소통이 성립됩니다.

처음부터 상대의 의견을 무시하면 토론을 전개할 수 없습니다.

서로의 의견을 존중하지 않기 때문에 토론이 싸움으로 바뀌었습니다.

교실 청소는 수업이 끝난 다음에 해야 한다고 생각하니?

아니야, 안 돼. 청소는 꼭 점심 시간을 이용해야 해. 수업이 끝난 다음에 하면 집에 빨리 갈 수 없잖아.

점심 시간을 이용해서 하면 점심을 빨리 먹어야 하니까 수업이 끝난 다음에 하는 게 좋아.

점심을 빨리 먹으면 되잖아. 그렇게 하면 충분히 청소할 수 있다구.

넌 밥을 빨리 먹으니까 그러는 거야. 난 천천히 먹고 싶단 말이야.

그럼 넌 수업이 끝나면 잽싸게 집에 가잖아.

난 학원에 가야 하니까 어쩔 수 없잖아.

그러니까 점심 시간을 이용해서 청소하자는 거야.

 **토론은 말다툼이 아니에요.**

나는 수업이 끝난 뒤에 교실을 청소하는 게 좋다고 생각해.

물론, 교실 청소는 수업이 끝나고 할 수 있어. 하지만 점심 시간을 이용하면 집에 빨리 갈 수 있잖아.

물론, 점심 시간을 이용해서 청소하면 집에 빨리 갈 수 있어. 하지만 그렇게 하면 점심을 서둘러서 먹어야 하니까 역시 수업이 끝난 뒤에 하는 게 좋다고 생각해.

네 말대로 점심 시간을 이용해서 청소하면 밥을 빨리 먹어야 해. 하지만 수업이 끝난 뒤에 하면 집에 먼저 가는 친구들이 있으니까 불공평해.

그건 네 말이 맞아. 나도 수업이 끝난 뒤에는 학원에 가야 하기 때문에 집에 빨리 가고 싶어. 하지만 점심 시간을 이용하면 밥 먹는 시간이 너무 짧아져.

그렇구나. 점심 식사와 청소를 다 하기에는 시간이 너무 짧을 수도 있겠어.

 **이렇게 연습하세요.**

'물론, …… 하지만', '그래, ……그런데'라는 표현을 써서 먼저 상대의 의견을 인정한 다음에 자신의 의견을 말하면 서로 불쾌하지 않고 냉정한 토론이 가능해집니다. 그래서 자연스럽게 서로가 의견을 교환할 수 있습니다.

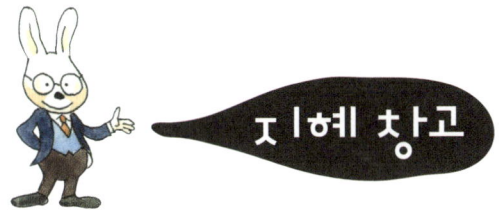

지혜 창고

상대가 자신의 생각을 무시하면 누구든지 불쾌해집니다. 그러나 먼저 상대가 자신의 의견을 인정한 뒤에 자신의 의견을 말하면 불쾌하지 않을 것입니다. 상대를 설득하고 싶을 때는 자신의 의견만 주장하지 말고 상대의 의견을 먼저 인정하세요. 그런 후에 자신의 의견을 말하면 자연스러운 의사소통이 이루어질 것입니다.

33 전화 받을 때

"따르릉 따르릉……."

전화벨 소리. 엄마는 외출하셨고 여러분은 지금 혼자 집에 있습니다. 전화벨이 계속 울립니다. 중요한 용건일지도 모릅니다. 이럴 때 여러분은 전화를 받을 수밖에 없습니다.

여러분은 전화 받는 것을 좋아하나요, 아니면 싫어하나요? 여러분이 전화 받는 것을 싫어한다면 그 이유는 무엇이지요? 모든 전화가 여러분에게 걸려 오는 것은 아닙니다. 가족 중 누군가에게 걸려 온 전화라면 여러분은 전달을 해야 합니다. 만약 전화를 받고 내용을 전달하는 것이 서툰 사람이 전화기 앞에서 긴장하지 않으려면 어떻게 해야 할까요?

여기서는 전화 받는 요령, 말을 전하는 요령에 대해서 연습해 보세요.

여러분은 전화 내용을 정확히 기억하나요?

"여보세요. 이학년 일반의 수미 엄마인데, 엄마 계시니?"

"안 계세요. 좀 전에 외출하셨거든요."

"그럼 집에 돌아오시면 전화 왔었다고 전해 주렴."

"네."

외출했던 어머니가 돌아왔습니다.

엄마, 아까 수미 엄마한테서 전화 왔었어요.

수미 엄마? 어느 쪽일까? 엄마가 알고 있는 수미 엄마가 둘이거든. 다른 말은 없었니?

네, 없었어요.

이런, 이를 어쩌지….

이렇게 연습하세요.

"여보세요, 윤경이네 맞나요?"

"네, 맞습니다."

"난 오학년 일반의 현미 엄마인데, 엄마 계시니?"

"엄마는 지금 외출하고 안 계세요."

"그럼 학교 연락 사항을 전해 주겠니?"

"메모지를 준비할 테니 잠깐만 기다려 주세요. 네, 말씀하세요."

"눈이 많이 내려서 내일 전교생이 열시 반까지 등교해서 삼교시부터 수업을 한다고 엄마한테 전해 주렴."

메모를 다 한 뒤에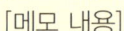

네, 알겠습니다.
그렇게 전하겠습니다.
안녕히 계세요.

[메모 내용]
1. 날짜 : 2017년 12월 3일
2. 시간 : 오후 5시
3. 상대 : 5학년 1반의 현미 엄마
4. 받은 사람 : 연지
5. 용건 : 수업 시작의 변경
6. 내용 : 눈이 많이 내려서 내일 수업 시작
    시간 변경, 10시 30분 3교시부터 시작

지혜 창고

　전화를 받은 직후에는 그 내용을 정확하게 기억할 것입니다. 그러나 시간이 흐르면 '분명히 그렇게 말했던 것 같은데……'라고 애매한 기억으로 전달되는 때가 있습니까? 우리의 기억은 시간이 흐를수록 흐려집니다. 그래서 전화를 받을 때는 항상 메모지를 준비해야 합니다. '메모지를 준비할 테니 조금만 기다리세요'라고 하면 상대는 기다려 줄 것입니다. 또한 메모한 내용이 맞는지 다시 확인하는 것도 중요합니다. 이 두 가지를 습관화하면 여러분은 전화 받은 내용을 항상 정확하게 가족에게 전달할 수 있게 됩니다.

　그렇게 되면 전화기 앞에서 긴장하는 일도 없고, 전화를 건 상대도 여러분을 신뢰하게 되고, 그 내용을 전달받는 가족도 여러분을 신뢰할 것입니다.

34 전화 걸 때

　여러분, 이젠 긴장하지 않고 자신 있게 전화를 받을 수 있지요? 메모지에 적는 것에 익숙해지고 메모 내용을 상대에게 재확인하는 습관도 익혔지요?

　그렇다면 이번에는 입장을 바꾸어서 여러분이 전화를 거는 사람이 되어 보세요. 한 사람의 말이 많은 사람을 거치는 동안, 전혀 다른 내용으로 바뀐다는 말 들어 본 적 있지요? 중요한 날짜가 생략되거나 새로운 내용이 더해지면 문제가 발생할 것입니다.

　마지막 사람에게까지 확실한 내용을 전달하려면, 맨 처음에 말한 사람이 상대가 이해하기 쉽게 내용을 잘 정리해야 합니다. 만약 여러분이 전화를 건다면 어떤 점을 주의해야 하는지 연습해 보세요.

메모지에 적지 않아서 중요한 내용을 잊은 적 있나요?

메모하지 않고 전달하는 동안 민호는 간단하게 생각했던 준비물 중 '컴퍼스'를 빼먹고 전달하지 못했습니다.

처음 내용

5학년 1반의 연락: 내일 수학 시간에 삼각자와 컴퍼스를 가지고 올 것.

"여보세요, 저는 윤경이라고 하는데요, 민호 있나요?"

"응, 나야, 민호."

"민호야, 연락 사항이 있어. 내일 수학 시간에 삼각자와 컴퍼스 가지고 오래."

"그래 알았어. 다음 친구한테 연락할게."

민호는 내용이 간단해서 메모지에 적지 않았다.

"여보세요, 세준이니?"

"응."

"나 민호인데, 학교 연락망이야. 내일 수학 시간에 삼각자 가지고 오래."

전하려는 내용을 정리하고 순서를 정하세요.

전달해야 할 사항들을 미리 메모해 두면 내용을 빠뜨리지 않고 모두 전할 수 있습니다.

(1) 내일 합창부의 연습 시간이 오후 1~4시에서 오후 2~3시로 변경
(2) 장소는 시민 센터 음악홀에서 연습실로 변경
(3) 빨간색 티셔츠를 가지고 올 것
(4) 다른 친구들에게도 연락할 것

 여러분은 전화 내용이 많아도 정확하게 전달할 수 있나요?

전화를 걸기 전에 미리 통화할 내용을 잘 정리하면 받는 사람은 헷갈리지 않았을 것입니다.

"여보세요. 내일 합창부 연습이 바뀌었대. 시간은 오후 한 시가 아니라 오후 두시부터이고, 장소는 시민 센터의 음악홀이 아니라 연습실에서 한대. 끝나는 시간도 오후 네시가 아니라 오후 세시래. 그리고 티셔츠도 잊지 말고 가지고 오래. 빨간색으로 말이야!"

"잘 알았어."

"그럼 네가 다른 친구들에게도 전해 줘.

"그럼, 부탁해."

 **이렇게 연습하세요.**
이렇게 하면 완벽합니다. 들은 내용을 잊어버리지 않고, 오히려 정리가 되니까 알아듣기도 쉽습니다.

"여보세요, 저는 윤경인데요, 수미네 집인가요?
"그래. 나야, 수미. 근데 윤경아, 웬일이니?"
"합창부에서 연락 사항이 있는데 지금 통화하기 괜찮니?"
"응, 괜찮아. 메모 준비할 테니 잠깐만…. 이제 말해 봐!"
"연락 사항은 네 가지야. 첫째는……."
"알았어, 확인할게. 연락 사항은 네 가지, 첫째는……."
"응, 맞았어. 그럼 수미야, 다른 친구한테 연락 부탁해."

말을 올바르게 전달하려면 말을 시작하는 사람과 전달하는 사람 모두의 기술이 필요합니다.

전화 통화를 할 때는 서로의 얼굴이 보이지 않습니다. 수화기에서 상대의 목소리만 들릴 뿐입니다. 그러므로 상대의 말이 매우 중요한 의미를 가집니다. 전화를 건 상대의 말을 정확히 알아듣고 기록했다면 다른 친구들에게 그 내용을 전하는 것은 잘 해낼 수 있을 것입니다.

발표할 때

'연설'이란 사람들 앞에서 생각나는 대로 말하는 것이 아니라, 듣는 사람들이 이해하기 쉽도록 논리 정연하게 말하는 것입니다. 또한 연설은 듣는 사람을 대상으로 하기 때문에 듣는 사람들의 관심을 집중시킬 수 있는 매력적인 주제가 필요합니다.

준비된 원고를 또박또박 읽는 것은 연설이 아닙니다. 연설하는 사람은 내용의 전개를 확인하고 싶을 때에만 원고를 보고 대부분은 듣는 사람들을 보면서 연설을 진행합니다.

연설도 발표와 마찬가지로 '육하 원칙(5W1H: 누가, 언제, 어디서, 무엇을 어떻게, 왜)'에 따라서 해야 합니다.

연설할 내용을 정리하세요.
생각나는 대로 원고를 쓰면 안 됩니다. 먼저 내용을 요약하고 이것들을 알맞게 정리하면 쉽게 연설을 할 수 있습니다.

(1) 무엇에 대해 말할지를 정하세요.

'내가 읽은 책 중에서 친구들에게 추천하고 싶은 책에 대해서 연설하자.'

(2) 추천할 책에 대해서 정리하세요.

- 《삼국지 고사 성어》: 엮은이 박민호
- 《동물이 가르쳐 준 과학》: 지은이 신정민

(3) 책을 추천하는 이유를 정리하세요.

　[정리 내용]

　- 《삼국지 고사 성어》: 등장 인물들의 우정과 나라에 대한 충성심, 그리고 지혜를 배울 수 있다. 어려운 내용을 어린이들의 눈높이에 맞추었고, 읽으면서 고사 성어에 대한 이야기와 한자도 배울 수 있어서 유익하다.

　- 《동물이 가르쳐 준 과학》: 신비로운 자연 속에서 살아가는 동물들의 지혜와 놀라운 능력을 배울 수 있다.

　- 두 권 다 읽으면 신난다.

　- 어렵지 않게 자유로운 기분을 느낄 수 있고 상상력이 풍부해진다.

어떤 식으로 연설을 진행하면 좋을까요?

⑴ 맨 처음에 연설의 주제가 무엇인지를 말하세요.

⑵ 추천하고 싶은 책은 모두 두 권, 순서를 정해 말하세요.

– 책 제목: 《삼국지 고사 성어》, 《동물이 가르쳐 준 과학》

⑶ 이 책들을 추천하는 이유에 대해서도 말하세요.

⑷ 마지막에 연설을 마친다는 말을 하면서 내 연설을 끝내면 됩니다.

 내용을 요약하고 정리해서 연설하세요.

⑴ '육하 원칙(5W1H)'대로 정리하고 말할 내용을 순서대로 정리하세요.

⑵ 원고를 보고 그대로 읽지 말고, 듣는 사람들을 보고 큰 목소리로 또박또박 발표하세요.

⑶ 원고는 가끔씩 보면서 내용을 확인하세요.

⑷ 고개는 숙이지 말고, 듣는 사람들을 바라보면서 감정을 넣은 목소리로 연설하세요.

지혜 창고

　멋진 연설을 하려면 지금까지 연습한 여러 가지 기술을 총동원하세요. 육하 원칙(5W1H)과 순서를 정해서 말하는 법, 주어를 명확하게 말하는 법, 결론을 확실하게 표현하는 방법…….

　여러분이 앞에서 소개한 여러 가지 의사 소통의 방법을 올바르게 익혔다면 연설도 어렵지 않을 것입니다.

　무엇에 대해서 말할 것인지 정하고 그 내용을 정리한 원고를 만들어서 충분하게 연습한다면 틀림없이 훌륭한 연설을 할 수 있습니다.

36 약속 장소 안내

친구에게 약속 장소를 정확하게 설명하지 못하면 그 장소에서 친구를 만나지 못하고 서로 짜증을 내거나 오해를 해서 싸우기까지 합니다.

그렇다면 약속 장소를 정확하게 잘 전달하기 위해서는 어떻게 설명해야 할까요?

길을 설명할 때는 상대가 머릿속에 지도를 그릴 수 있도록 자세하고 정확하게 설명해야 합니다.

언제 어디서 만나는지, 어느 곳에서 어느 방향으로 돌아서야 하는지, 주변에 찾기 쉬운 표지나 눈에 잘 띄는 건물이 있는지 등 길을 설명할 때에도 육하 원칙(5W1H)을 이용하는 것이 좋습니다. 또한 상대가 미루어 짐작할 수 있게 설명하는 것도 좋은 방법입니다.

여러분은 약속 장소를 이렇게 설명하나요?

하늘 공원 정문을 지나서 곧바로 걸어 들어가. 쭉 걷다가 분수대 쪽으로 가지 말고 반대편인 왼쪽으로 돌아가. 그러면 연못이 나오는데 그 앞에 벤치가 있어. 거기서 기다리면 돼. 참 시간은 두시 반이야. 알겠지?

모르겠어. 이렇게 말하면 아무도 못 찾아갈 거야.

 약속 장소의 설명 방법을 생각해 보세요.
이렇게 정리하면 친구들이 이해하기 쉽도록 설명할 수 있습니다.

⑴ 우선 무엇에 대해 설명하는지 확실하게 말할 것.

⑵ 약속 장소와 시간을 육하 원칙(5W1H)에 따라 설명할 것.

⑶ 거리와 시간을 말하고 상대가 미루어 짐작할 수 있게 설명할 것.

⑷ 찾아가는 순서를 자세하게 설명할 것.

⑸ 찾기 쉬운 표시나, 건물을 구체적이고 명확하게 전달할 것. '그거', '저거'는 안 됨.

⑹ 설명을 마친다는 것을 알릴 것.

이렇게 연습하세요.

"지금부터 우리가 만날 약속 장소를 설명할게. 약속 장소는 하늘 공원 연못 앞에 있는 벤치야. 시간은 일요일 오후 두 시 반. 약속 장소는 공원 입구에서 오백 미터쯤이고, 걸어서 오 분쯤 걸려. 공원 입구를 지나 자갈이 깔린 길을 따라 곧바로 걸어들어가면 분수대가 있는 광장이 나와. 그 광장을 지나 조금 더 걸으면 막다른 길이 나와. 그 막다른 길을 왼쪽으로 돌면 오른쪽에 연못이 있고 그 앞에 벤치가 있어. 바로 거기가 우리 약속 장소야."

"잘 알았어. 설명을 잘 해 줘서 금방 찾아갈 수 있겠는걸."

지혜 창고

    길 안내를 잘 하려면 먼저 목적지까지의 거리와 시간을 말하고 상대가 미루어 짐작할 수 있게 유도해야 합니다. '지하철 3번 출구로 나와서 곧바로 걸어. 그리고……'라고 설명을 시작하면 상대는 어느 정도의 거리에 목적지가 있는지 전혀 예측하지 못할 것입니다.

    그러다 보면 상대는 중요한 내용을 빠뜨리고 들을 수 있습니다. 그러나 목적지까지의 예측이 가능하다면 상대는 여러분의 설명을 보다 잘 이해할 수 있을 것입니다.

37 우리집 길 안내

이번에는 학교에서 우리 집까지 길을 안내해 보세요.

학교 친구가 여러분의 집을 처음으로 방문할 때, 잘 찾아오도록 설명해야 합니다. 어떻게 설명하면 친구가 어려움 없이 여러분의 집을 찾아올 수 있을까요?

여러분의 설명이 불충분하면 친구는 도중에 길을 잃거나 집을 찾지도 못하고 되돌아갈 수도 있습니다.

앞에서 연습한 육하 원칙(5W1H)에 따라서 여러분의 집까지 찾아오는 길을 안내해 보세요.

수미의 설명은 왜 이해하기 어려울까요?

"수미야, 너희 집이 학교에서 가깝다면 거리가 얼마나 돼? 시간은 얼마나 걸려?"

"거리는 학교에서 천 미터쯤 되고, 걸어서 십 분쯤 걸려."

"학교에는 문이 두 개잖아. 어느 쪽 문으로 가야 돼?"

"정문이야. 난 늘 정문으로 등하교하잖아."

"곧장 걷다가 어디서 왼쪽으로 도는 거야?"

"문방구를 끼고 왼쪽으로 돌면 돼."

"은행은 어디 있는데?"

"그 다음 골목 앞에."

"그 다음에는 얼마쯤 곧장 걸어가면 돼?"

"삼백 미터쯤 오다 보면 슈퍼마켓이 나와. 그 슈퍼마켓 오른쪽에 꽃집이 있어. 그 옆이 우리 집……. 이경아, 미안해, 내 설명을 전혀 이해하지 못한 거구나."

찾아가는 길에 대해서 설명할 내용을 정리해 보세요.

(1) 설명의 목적: 학교에서 수미네 집까지의 길 안내

(2) 거리와 시간: 거리는 약 1,000m, 시간은 걸어서 약 10분

(3) 학교 정문으로 나와 → 건널목을 건너서 → 문방구를 끼고 왼쪽으로 돌아 → 슈퍼마켓과 꽃집이 나오는데 → 꽃집 옆이 수미네 집

(4) 설명 마침: 애매하게 끝내지 않도록 하기 위해서.

이렇게 연습하세요.

"학교에서 우리 집까지 찾아오는 길을 설명할게. 학교에서 우리 집까지는 약 천 미터야. 걸어서 십 분 쯤 걸리고. 학교 정문 앞 건널목을 건너서, 책방이 있는 쪽으로 걷다 보면 길이 두 갈래로 갈라져. 보리 제과점 쪽으로 걸으면 바다 유치원이 나와. 그 건물 오른쪽 옆 골목 안으로 들어와서 오른쪽 세 번째 집, 하늘색 철문이 있는 집이야. 잘 찾아올 수 있겠니?"

"그래, 윤경아. 쉽게 설명해 줘서 금방 찾을 수 있겠어."

"참. 모두 집에서 나올 때, 너희 부모님께 우리 집 전화 번호 알려 드리는 것 잊지 말고. 혹시 걱정하실지 모르니까 말이야."

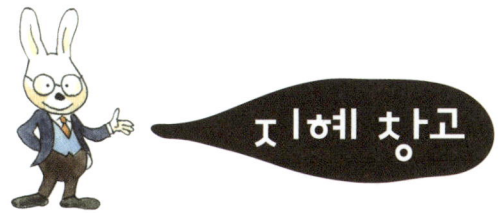

길을 안내할 때 중요한 것은 세 가지입니다.

첫째는 상대가 미루어 짐작할 수 있도록 말하는 것입니다. 이러한 예측이 가능하다면 상대는 목적지까지 걸어서 가는 것이 좋은지, 자전거로 가는 것이 좋은지를 생각하면서 여러분의 설명을 들을 것입니다.

둘째는 표지판이나 쉽게 눈에 띄는 건물이나 가게, 건널목에 대한 정보를 상대에게 정확하게 알려 주는 것입니다.

셋째는 돌아서는 방향을 정확하게 전달하는 것입니다. '거기서 동 쪽으로 돌아서'라고 했을 때 동쪽이 어느 쪽인지 알 수 없기 때문에 '동서남북'을 이용해서 설명하지 마세요. '꽃집 왼쪽에 있는 골목'이라든지, '책방을 끼고 오른쪽으로 돌아서'라든지 해서 설명해 주세요. 다시 말해서, 자신이 찾아가는 사람의 입장이 되어 이해하기 쉽게 설명하는 것입니다.

38 설명할 때 1 - 책상 배치

　오늘 교실 책상을 새로 배치했습니다. 학급 친구들 모두가 골고루 친해질 수 있도록 모두의 얼굴이 보이게 배치한 것입니다. 그렇다면 여러분은 집에 돌아가서 아버지와 어머니에게 책상 배치를 새롭게 한 것을 어떻게 설명하면 좋을까요?

　먼저 아버지와 어머니가 머릿속에 새로운 책상 배치를 구체적으로 떠올릴 수 있도록 유도해야 합니다. 그냥 생각나는 대로 말한다면 같은 것을 두 번 설명하거나 설명하지 못한 부분이 생길 것입니다. 그러면 부모님도 교실의 책상이 어떻게 배치되어 있는지 상상하기가 무척 힘드실 것입니다.

용우가 엄마에게 새로운 책상 배치에 대해 설명합니다.

엄마, 오늘 학교에서 책상 배치를 새롭게 했어요. 모두 서로의 얼굴을 보면서 이야기할 수 있게요. 정면 앞에 책상을 네 개 놓고, 그 양 옆에도 책상을 놓았어요.

그게 어떤 식으로 바꿨다고? 책상이 모두 몇 개니? 정면은 어느 쪽에서 봤을 때 정면이니? 전체적으로 어떤 모양이 된 줄을 모르겠구나.

정면? 칠판과 교탁이 있는 맞은쪽인데, 거기가 정면인가? 전체 모양은….

용우야, 네가 열심히 설명하고 싶은 마음은 알겠지만, 잘 모르겠구나.

 용우네 교실의 새로운 책상 배치는 어떤 모양일까요?

이렇게 설명하면 새로운 책상 배치는 'ㄷ자 모양'이라는 것을 머릿속에 그릴 수 있습니다.

(1) 전체의 모양은 'ㄷ자 모양'.
(2) 책상은 모두 10개.
(3) 칠판과 교탁의 맞은 쪽에 책상 네 개, 양 옆으로 각각 책상 세 개씩.

다시 설명해 보세요.

"엄마, 오늘 우리 반 책상을 새롭게 배치했어요. 모두 서로의 얼굴을 보면서 이야기할 수 있게 책상의 위치를 바꾼 거예요. 전체 모양은 칠판과 교탁을 향해서 'ㄷ자 모양'이에요. 책상은 전부 열 개인데 칠판과 교탁의 맞은 쪽에 네 개, 양 옆에 각각 세 개씩 놓았어요. 그리고 우리 학교 책상은 하나에 둘이 앉아요."

"그거 참 좋은 배치구나. 용우야, 그렇게 구체적으로 설명하니까 엄마가 잘 알아듣겠구나."

이렇게 연습하세요.

여러분 집의 안방이나 거실 등에 놓인 가구들을 생각해 보세요. 놓인 순서와 배치 등을 생각해서 상대에게 전체적인 이미지를 그릴 수 있도록 유도하면 설명은 무척 간단해질 것입니다.

상대가 머릿속에 배치된 모습을 떠올리게 유도할 때, 중요한 점이 세 가지 있습니다.

첫째는 전체의 모습을 짐작할 수 있게 설명하는 것입니다. 이것은 〈길 안내〉에서 '예측'이라고 했습니다. 배치된 전체 모습을 짐작하면 상대는 '예측'이 가능해집니다.

둘째는 배치된 모습을 떠올릴 때 필요한 물건과 숫자를 설명하는 것입니다. 그렇게 설명하면 상대는 전체 모습과 함께 크기도 예측할 수 있습니다.

셋째는 아주 작은 부분까지 자세한 설명을 하는 것입니다.

또한 이 세 가지는 설명하는 순서이기도 합니다.

이 세 가지를, 순서를 잘 지키면서 설명하면 상대는 쉽게 이해할 것입니다.

39 설명할 때 2 - 나들이 간식

　나들이는 누구에게나 즐겁습니다. 가족이나 친구들과 함께 야외로 나가서 도시락과 간식을 나누어 먹는 것도 즐거움 중에 하나입니다.

　만약 친구가 어떤 간식을 가지고 왔냐고 물으면 여러분은 어떻게 대답할 건가요?

　어떤 종류의 간식을 가지고 왔는지에 대해 말할 건가요?

　아니면 여러분이 좋아하는 간식의 순서대로 말할 건가요?

　아니면 생각나는 대로 간식의 이름을 말할 건가요?

　나들이 간식을 설명할 때도 상대가 쉽게 이해할 수 있도록 설명하는 방법이 있습니다.

이경이의 설명

이경이는 가지고 온 간식을 생각나는 대로 말했습니다. 친구는 간식들을 한꺼번에 들어서 혼란스럽습니다.

> 이경아, 넌 어떤 간식을 가져왔니?

> 여러 가지 가져왔어. 김밥, 딸기 사탕, 새우깡, 포테토칩, 콜라, 사탕 그리고 애플파이랑 초콜릿, 쿠키, 생수, 오렌지 주스….

> 그렇게 많이 가져왔니? 그 중에서 바꿔서 먹을 게 있는지 다시 천천히 말해 볼래?

 종류별로 정리한 이경이의 간식

(1) 밥 종류: 김밥
(2) 사탕 종류: 딸기 맛 사탕, 콜라 맛 사탕
(3) 과자 종류: 새우깡, 포테토칩, 애플파이, 초콜릿 쿠키
(4) 음료수 종류: 생수, 오렌지 주스

 ## 정리된 이경이의 설명
이경이가 종류별로 설명해 주어서 친구는 금방 알아들을 수 있었습니다.

이렇게 연습하세요.

여러분의 주위에서 흔히 볼 수 있는 여러 가지 가구나 전자 제품 같은 물건, 음식이나 음료수 등도 종류별로 나누어서 정리해 보세요.

지혜 창고

　많은 물건을 한꺼번에 설명해야 할 때는 반드시 종류별로 정리하세요. 생각나는 이름을 순서 없이 대면 상대는 혼란스러울 것입니다. 그러나 종류별로 정리해서 설명하면 이해하기 쉽습니다.

　'종류별로 정리해서 정보 전달하기', 이것은 쉬운 이해를 위한 기본적인 설명 기술입니다.

40 설명할 때 3 - 캠프 준비

　여러분이 캠프를 처음 가는 친구들과 함께 2박 3일의 캠프 여행을 떠난다고 가정해 보세요. 친구는 캠프에 가 본 경험이 없기 때문에 무엇을 준비해야 하는지 몰라, 여러분에게 질문을 할 것입니다. 친구에게 쉽게 이해시키려면 어떻게 설명하면 좋을까요?

　'나들이 간식'의 설명을 떠올려 보세요. '종류별로 정리하기', 이것이 설명 방법의 요점입니다. 캠프 준비의 설명도 마찬가지입니다. 준비할 물건을 종류별로 정리해서 설명하면 친구는 쉽게 이해할 것입니다.

세준이의 설명

진표야, 캠프 갈 때 어떤 물건을 준비할 거니?

세준아, 난 나름대로 준비했는데…. 비옷이랑 긴 바지, 물통, 배낭, 속옷, 반바지, 모자, 등산화, 침낭, 휴대용 주머니랑 그리고….

세준아, 네가 그렇게 설명해 주니까 정말 이해하기 쉽다.

진표야, 잠깐! 그렇게 뒤죽박죽 말하면 어떡하니? 여름에 가는 이박 삼일 캠프니까 다음 물건들을 준비하면 돼. 옷은 짧은 소매와 긴 소매 티셔츠 한 벌씩, 긴 바지와 반바지 각 한 벌씩, 속옷 두 장, 양말 두 켤레, 그리고 모자, 비옷은 상하의가 나누어진 것, 그리고 등산화, 침낭, 일 리터 들이 물통, 가방은 큰 배낭이랑 휴대용 주머니, 허리에 메는 가방도 있으면 좋겠어.

정리된 세준이의 설명

(1) 옷 종류: 짧은 소매와 긴 소매 티셔츠 한 벌씩, 긴 바지와 반바지 한 벌씩, 속옷 두 장, 양말 두 켤레, 모자, 상하가 나누어진 비옷 한 벌

(2) 가방 종류: 큰 배낭, 휴대용 주머니, 허리에 메는 가방

(3) 기타 종류: 등산화, 침낭, 일 리터들이 물통

 이렇게 연습하세요.

여러분 주위에서 흔히 볼 수 있거나 접할 수 있는 여러 가지 물건들을 종류별로 구분한 후에 아버지와 어머니나 친구들에게 설명해 보세요. 구분을 올바르게 했다면 설명하는 것은 쉽게 할 수 있습니다.

　가방 속에 있는 물건, 구입할 물건, 자신이 소중히 여기는 물건, 요리에 필요한 재료 등, 우리는 평소에 이렇게 설명할 내용들이 너무나 많이 있습니다.

　이럴 때, 무조건 생각나는 대로 설명한다면 상대는 혼란스러울 것입니다. 설명하는 여러분도 어떤 것을 말했고, 어떤 것을 말하지 않았는지 혼란스러울 것입니다. 만약 깜박 잊고 말하지 않은 물건이 중요한 것이었다면 나중에 곤란한 일을 겪을 수도 있습니다.

　'종류별로 구분하는 방법'은 여러 종류의 말하기에 적용할 수 있는 좋은 방법입니다.

41 묘사할 때 1 - 사진틀

여러분은 '묘사'란 무엇일까요? '설명'과 '묘사'는 어떤 차이가 있을까요?

'설명'은 어떤 일의 내용이나 이유, 의의 등을 알기 쉽게 밝혀서 말하는 것입니다. 조작 방법, 길 안내 등 사실에 바탕을 두고 사물을 정확하고 객관적으로 표현해서 이미지를 전달하는 것입니다.

'묘사'는 눈으로 보거나 마음으로 느낀 것 등을 그림을 그리듯이 객관적으로 표현하는 것을 말합니다. '예쁘다', '이상하다', '재미있다' 등 전달하는 사람이 자신의 감상만을 표현하면 상대는 그 정보를 혼란스럽게 받아들일 것입니다.

'감상이나 의견'은 사람마다 각각 다르다는 것을 여러분은 이미 알고 있습니다.

 민호가 동생에게 선물한 액자 '묘사'하기

둥근 풍선 모양인데, 광대가 들고 있어. 그리고 노란색과 파란색도 같이 있어. 또 빨간색과 초록색도 있어. 참, 동생한테 선물한 것 말이야.

뭐가 풍선 모양이야? 광대가 들고 있는 건 뭔데?

 **먼저 전체 모습을 전달하세요.**
먼저 무엇에 대해서 설명하는 것인지 말한 다음에 모양이나 색깔, 크기 등을 말하면 상대가 쉽게 알아들을 수 있습니다.

무엇에 대한 거니?

어제 동생한테 선물한 작은 액자를 설명한 거야.

아, 그랬구나. 그런데 뭐가 둥근 풍선 모양이니?

사진을 넣는 액자가 둥근 풍선 모양이야.

광대는?

배가 불룩하게 나와서 둥근 풍선 모양을 한 액자를 광대가 들고 있거든.

색깔은?

액자는 파란색, 광대 옷은 노란색, 들고 있는 끈은 초록색이야.

다음은 각 부분에 대해서 전달하세요.
부분에 대해 먼저 말하거나 뒤죽박죽 섞어서 말하면 이미지가 상대에게 제대로 전달되지 습니다.

"전체 모양과 색깔, 크기를 알았어. 그럼 그림은 그려져 있지 않니?"

"광대 앞가슴에 '사랑하는 동생 근영에게'라고 써 있어. 빨간색으로 말이야."

"그리고 광대는 다른 특징은 없니?"

"큰 입과 코가 빨갛고 까만색 눈은 십자 모양으로 되어 있어서 우스꽝스러운 모습이야."

"그래, 이제야 알겠다."

 이렇게 연습하세요.
책상에 있는 시계나 필통, 저금통이나 여러분이 만들어 놓은 여러 가지 장식물들을 아버지나 어머니, 동생이나 언니나 형, 친구에게 묘사해 보세요.

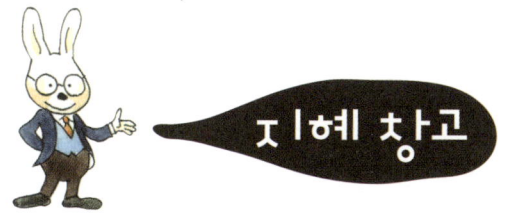

지혜 창고

　묘사를 할 때 가장 기본이 되는 것은 '전체에서 부분'으로 전달하는 것입니다. 이것은 '큰 내용부터 작은 내용까지'라고 말할 수 있습니다. 이 방법은 '길 안내'에서 상대에게 거리와 시간의 정보를 먼저 설명해서 '예측'을 유도하는 것과 같습니다.

　묘사를 할 때는 먼저 상대에게 전체 이미지를 전달하세요. 묘사하는 대상의 전체적인 모양과 크기, 색상 등의 정보가 있으면 상대는 묘사하는 대상물에 대해 어느 정도 예상할 수 있습니다.

　'묘사의 방법'은 어떤 사물의 형태를 말로 전달할 때 활용할 수 있습니다.

42 묘사할 때 2 - 국기

　이제 여러분은 눈으로 본 사물을 최대한 그 모습 그대로 표현하는 것이 묘사라는 것을 알았습니다. 그럼 이번에는 수도가 파리인 프랑스의 국기를 보고 묘사해 볼까요?

　모든 묘사의 기본은 똑같습니다. 전체 내용부터 시작해서 부분 내용을 전달하면 됩니다. 여기에서 중요한 것은 시점의 이동입니다. '시점의 이동'이란 정보를 전달하는 사람에게는 대상물을 어떤 순서로 보일 것인가를 뜻합니다. 그리고 정보를 듣는 사람은 전달받은 정보의 이미지를 어떤 순서로 머릿속에 떠올릴 것인가를 말합니다.

　설명이 정확해야 정보를 듣는 사람이 오해 없이 이해를 잘 할 수 있습니다. 묘사를 할 때는 전달하는 사람도, 전달받는 사람도 논리적으로 '시점 이동'을 할 수 있게 충분히 연습을 해야 합니다.

용우가 묘사한 프랑스 국기
용우는 민호에게 프랑스 국기의 색깔을 잘못 전달 했습니다.

국기의 모양은 직사각형이고 세 부분으로 나누어져 있어. 세 부분은 각각 백색과 적색, 그리고 청색이야. 민호야, 이제 그릴 수 있니?

아, 그게 프랑스 국기구나.

어, 그런데 이상하다!

용우의 묘사는 왜 올바르게 이미지가 전달되지 않았을까요?

용우야, 프랑스 국기에 대한 전체 모양은 어때?

가로로 긴 직사각형이야.

어떤 모양의 직사각형인데?

세 부분이 세로로 나누어져 있어. 세 부분 모두는 크기가 같은데, 각각 다른 색이야.

용우야, 그럼 각각 다른 세 가지 색은 어떤 색깔인지 순서대로 말해 봐.

아, 이제 알았다. 용우야, 이젠 프랑스 국기를 그릴 수 있겠다.

음, 왼쪽부터 청색, 백색, 적색 순서로 되어 있어.

정리된 용우의 프랑스 국기 묘사

"민호야, 내가 프랑스 국기의 모양을 가르쳐 줄게. 그 국기는 가로가 긴 직사각형이야. 모양은 세로로 세 부분으로 나눠져 있어. 그리고 세 부분은 크기는 모두 같지만 색깔은 각각 달라. 색깔은 왼쪽부터 청색, 백색, 적색의 순서로 되어 있어. 이게 프랑스 국기야. 민호야, 이제 그릴 수 있겠니?"

"그래, 용우야. 그릴 수 있어. 맨 먼저 프랑스 국기의 전체적인 모양을 떠올리고, 다음에 부분적인 내용을 생각하니까 참 쉽다. 또 색깔을 왼쪽부터 순서대로 말해 주어서 빨리 그릴 수 있어."

이렇게 연습하세요.

세계 여러 나라의 국기는 어떤 모양일까요?

우리나라의 태극기와 미국의 성조기, 영국과 독일, 네덜란드와 벨기에, 인도와 중국 등 각 나라의 국기를 모르는 친구에게는 어떻게 묘사해 주어야 할까요?

(1) 먼저 전체가 어떤 모양인지 묘사해 줄 것.
(2) 무늬와 색깔 등이 있다면 잘 알고 있는 사물과 비교해서 묘사해 줄 것.

　묘사할 때 이미지를 전달하는 사람의 시점이 뒤죽박죽 뒤바뀌면 듣는 사람은 혼란스러워집니다. 자신이 본 사물에 대해서 최대한 정확하게 이미지를 전달하기 위해서는 시점의 이동이 무척 중요합니다.

　오른쪽↔왼쪽, 위↔아래, 앞↔뒤, 안↔밖 등과 같이 언제나 순서대로 시점을 이동시킵니다. 이 시점을 바탕으로 질서 정연하게 정보를 제공하면 상대는 쉽게 이해할 수 있습니다. 이렇게 정보를 전달하면 상대는 머릿속에 그 정보의 이미지를 쉽게 떠올릴 수 있을 것입니다.

　사물의 모양이 복잡하거나 간단하거나 관계없이 모든 기본적인 방법은 똑같습니다.

43 묘사할 때 3 - 분실물

　세준이는 이웃에 사는 진표와 운동장에서 축구를 하고 집에 가기로 하였습니다. 세준이는 가방과 신발 주머니를 골대 뒤에 놔두고 신나게 축구 시합을 했습니다. 신나게 놀다가 집에 와서 신발을 벗던 세준이가 멈칫했습니다.
　"왜 그러니?"
　"엄마, 잠깐만요. 운동장에다 신발 주머니를 두고 왔어요."
　"그럼, 가방만 달랑 메고 온 거니?"
　"축구 골대 뒤에 놔뒀는데, 제가 깜빡했지 뭐예요?"
　"그 신발 주머니, 지난 주에 새로 산 거잖니? 얘가 정신을 어디다 두고 다니는 거야, 엉?"
　세준이는 부리나케 학교로 달려갔지만, 골대 뒤에 신발 주머니는 없었습니다. 여기저기를 찾아보았지만 신발 주머니를 찾지 못했습니다.
　이제 세준이는 신발 주머니를 어떻게 하면 찾을 수 있을까요?

새로 편을 짜서 아직도 축구를 하고 있는 진표에게 물었어요.

"진표야, 여기 있던 신발 주머니 봤니?"

"못 봤어. 왜?"

"잃어버렸거든."

"언제, 어디서 잃어버렸는데?"

"아까 축구 시합 전에 여기 이 골대 뒤에 놔뒀거든. 그런데 시합이 끝나고 집에 갔는데 가방만 달랑 들고 갔거든. 집에 가서 보니까 신발 주머니가 없어서 지금 이렇게 달려왔지."

"어떤 모양인데?"

"보통 신발 주머니인데, 까만색이야."

"세준아, 모양에 대해서 좀더 구체적으로 말해 봐."

세준이는 진표의 도움으로 잃어버린 신발 주머니를 찾아 달라고 교내 방송을 하기로 했습니다.
교내 방송을 하기 전에 세준이는 메모를 했습니다.

분실물을 보고할 때는 '묘사'만 중요한 게 아니고, '육하 원칙(5W1H)'도 중요합니다.

(1) 누가: 4학년 2반 박세준이

(2) 언제: 5월 18일(목요일) 수업을 마친 후에

(3) 어디서: 학교 운동장 담장 쪽에 있는 축구 골대 뒤에서

(4) 무엇을: 실내화가 든 신발 주머니를

(5) 어떻게: 잃어버렸으니 찾아 주기 바람

(6) 왜: 깜빡 잊고 신발 주머니는 놔두고 가방만 들고 집으로 돌아갔기 때문에

(7) 신발 주머니는 어떤 모양인가: 세로가 긴 직사각형 모양에 짧은 손잡이, 까만 바탕에 앞뒤 하얀색 강아지 그림이 있으며, 주머니 속에는 끈으로 묶는 하얀색 실내화가 들었음. 신발 주머니도 실내화도 지난 주에 산 거니까 새 것임.

 민우는 교내 방송을 통해 분실물을 알립니다.

교내 방송으로 분실문을 찾아 달라는 방송을 할 때 또 한 가지 중요한 것은 호소력입니다. 처음과 끝에 '~ 찾아 주시면 고맙겠습니다'를 꼭 넣어서 듣는 사람들에게 강한 인상을 남겨야 합니다. 그리고 자신의 학년과 반, 그리고 이름은 잊지 말고 꼭 말해야 합니다.

"여러분, 저는 사학년 이반 박세준입니다. 저는 오늘 오월 팔일(목요일) 수업을 마친 후에 학교 운동장 담장 쪽에 있는

축구 골대 뒤에서 실내화가 든 신발 주머니를 잃어버렸습니다. 꼭 찾아 주시면 고맙겠습니다. 신발 주머니는 세로가 긴 직사각형 모양에 짧은 손잡이가 두 개 달렸고, 까만 바탕에 앞뒤 하얀색 강아지 그림이 있으며, 주머니 속에는 끈으로 묶는 하얀색 실내화가 들었습니다. 신발 주머니도 실내화도 지난 주에 산 거니까 새 겁니다. 여러분, 찾아 주시면 정말 고맙겠습니다. 혹시 보관하고 계신 분이나, 발견하신 분은 사학년 이반 박세준에게 갖다 주시면 정말 고맙겠습니다. 감사합니다."

지혜 창고

　대상물을 보지 않은 상대에게 그 물건의 모양과 형태를 설명할 때는 상대가 대상물의 전체 이미지를 떠올릴 수 있게 묘사해야 합니다. 그렇게 하려면 여러분은 사물을 자세하게 관찰하는 연습을 해야 하고, 생각을 잘 정리해서 표현하는 연습 또한 열심히 해야 합니다. 이러한 묘사를 통해서 우리는 대상물을 자세하게 관찰하는 능력과 그것을 정리하는 능력을 키울 수 있습니다. '묘사의 방법'을 잘 익히면 분실물을 찾을 때 무척 유용하게 활용할 수 있습니다.

44 묘사할 때 4 - 친구의 옷차림

"어머나, 수미야. 옷차림이 정말 멋있고 예쁘구나."

윤경이는 학교에서 본 수미의 옷차림이 너무 부러웠습니다. 그래서 집에 돌아와서 어머니에게 수미의 옷차림을 묘사했습니다. 그러나 윤경이는 자신의 인상에 강하게 남은 부분과 먼저 떠오른 생각을 뒤섞어 말했습니다.

"얘, 뭔 소린지 통 알아들을 수가 없구나."

윤경이는 열심히 묘사하고 설명을 했지만 어머니는 수미의 옷차림이 머릿속에 그려지지 않습니다.

이럴 때는 전체 이미지를 묘사하는 것이 좋을까요, 아니면 종류별로 정리해서 묘사하는 것이 좋을까요?

어머니에게 수미의 옷차림에 대해서 윤경이가 한 묘사

엄마, 오늘 수미가 너무 멋지고 예쁜 옷을 입고 왔어요. 까만 구두에 까만 바지, 거기에다 하얀 셔츠를 입었거든요. 하얀 셔츠 위에는 빨간 체크 무늬 자켓을 입었는데 색상이 얼마나 잘 어울리던지…. 윤경이는 날씬한데다가 키도 커서 오늘 옷차림은 너무 잘 어울렸어요.

애, 진정하고 천천히 말해 봐. 그렇게 허둥지둥 말하니 뭐가 뭔지 하나도 알아들을 수가 없구나.

참, 엄마는. 내가 이렇게 열심히 그리고 자세하게 설명했는데….

 어떤 순서로 말해야 수미의 옷차림을 올바르게 전달할 수 있을까요?

(1) 먼저 어떤 옷을 입었는지 말해 주고 상대가 전체 이미지를 알 수 있게 할 것.
(2) 사람을 볼 때는 얼굴부터 보니까 위에서부터 순서대로 말할 것.

 윤경이는 다시 수미의 옷차림을 묘사합니다.

엄마, 오늘 수미가 너무너무 멋진 옷을 입고 왔어요. 하얀 셔츠 위에 빨간 체크무늬 자켓을 입고, 까만 바지와 까만 구두를 신었어요. 그 옷이 수미와 너무 잘 어울려서 부러웠어요.

애, 그렇게 순서대로 말하니까 정말 알기 쉽다. 전체 이미지가 눈에 훤하게 보인다, 애.

 이렇게 연습하세요.

여러분, 입고 있는 옷차림을 묘사하는 연습을 하세요. 먼저 전체 이미지를 묘사한 후에 위부터 순서대로 설명해 보세요.

눈으로 본 사물을 언어로 표현해서 전달하려면 다음의 두 가지를 적용시켜서 열심히 연습하세요.

(1) 상대의 이해를 돕기 위해서 먼저 전체 옷차림의 이미지를 전달할 것.

(2) 시점을 이리저리 옮기지 말고 순서대로 전달할 것.

사람의 시선은 위에서 아래로 향합니다. 그렇기 때문에 대상의 위에서부터 아래로 순서대로 묘사하고 설명하는 것이 상대의 이해를 돕는 데 좋습니다.

45 수업 후에 한 일 보고하기

민호네 학급에서는 수업이 끝난 후, '어제 수업이 끝난 후에 한 일'에 대해 매일 1분 연설을 하기로 했습니다.

오늘은 민호가 발표하는 날입니다. 민호는 1분 연설을 하려고 메모를 했습니다. 자신은 완벽하게 준비했다고 생각했지만, 1분을 채우지 못했고, 연설도 잘 마무리할 수가 없었습니다.

그리고 민호는 발표 내용에 이해하기 어려운 애매하고도 모호한 부분이 있어서 발표가 끝난 후, 반 친구들의 많은 질문을 받았습니다. 민호는 친구들에게 질문을 받고서야 무엇이 문제였는지 깨달았습니다.

자신이 한 일을 상대에게 전달하기 위해서 중요한 육하 원칙(5W1H)을 잘 활용해 훌륭하게 보고할 수 있도록 열심히 연습합시다.

여러분은 어떻게 보고하나요?

    수업이 끝난 후, 저는 집에 돌아와서 손을 씻고 간식을 먹었습니다. 그리고 숙제를 하고 나서 놀이터에 가 동네 친구와 어울려 인라인 스케이트를 탔습니다. 도장에 다녀와서 어머니께서 차려 주신 저녁을 맛있게 먹고 텔레비전을 보았습니다. 그 다음에는 책을 읽고 나서 양치질을 하고 잤습니다.

 **민호의 보고를 듣고 내용을 이해하지 못한 친구들이 한 질문**

민호는 자기의 일과를 나열했을 뿐 구체적이지 못합니다.

"몇 시에 집에 도착했습니까?"

"인라인 스케이트는 누구와 탔습니까?"

"어떤 숙제를 했습니까?"

"무슨 도장에서 무슨 운동을 했습니까?"

"저녁은 몇 시에 먹었습니까?"

"텔레비전에서는 무엇을 보았나요?"

"읽은 책 제목은 무엇인가요?"

"잠은 몇 시에 잤습니까?"

수정하고 보완해서 다시 한 민호의 보고

"지금부터 제가 어제 수업이 끝난 뒤에 한 일을 보고하겠습니다. 저는 두 시 오십 분에 집에 도착해서 손과 발을 씻고 간식을 먹었습니다. 세 시 삼십 분부터 제 방에서 국어 숙제를 하고, 네 시 삼십 분에 놀이터에 가서 동네 친구인 용우와 근영이와 어울려 인라인 스케이트를 탔습니다. 다섯 시에는 도장에 가서 태권도를 배웠습니다. 여섯 시 삼십 분에 집으로 돌아와서 샤워를 하고 일곱 시에는 어머니께서 해 주신 저녁을 먹었습니다. 여덟 시에 텔레비전을 켜고 《머나먼 우주 여행》을 보았고, 아홉 시부터는 제 방에서 독서를 했습니다. 손오공이 나오는 《서유기》를 읽었습니다. 그런 후에 양치질을 하고 열 시에 잠자리에 들었습니다. 이것으로 어제 수업이 끝난 후에 한 일에 대한 보고를 마치겠습니다."

이렇게 연습하세요.

여러분이 내일 학교에서, 어제 방과 후에 한 일에 대한 보고를 한다고 생각해 봅시다. 시간에 따라 한 일을 우선 간단히 메모해야겠지요? 그 다음 그것을 어떻게 친구들에게 전달해서 이해시킬 것인지 연습하세요.

보고를 하거나 보고서를 쓸 때는 다음 사항을 꼭 지켜서 해야 합니다.

(1) 먼저 무엇에 대한 보고인지를 구체적으로 알릴 것.

(2) 사실만을 전달할 것.

(3) 시간의 순서에 따라서 전달할 것.

(4) 자신의 감상이나 의견은 넣지 말 것.

(5) '나', '저'와 같은 주어를 넣을 것.

(6) 육하 원칙에 따라 문장을 구성할 것.

(7) 끝마쳤다는 것을 알릴 것.

46 박물관 견학 후 보고할 때

　방학 숙제 중에 국립 중앙 박물관에 다녀와서 쓰는 보고서가 있습니다. 세준이는 휴가 중인 아버지와 함께 국립 중앙 박물관에 갔습니다. 세준이는 여러 가지 유물들을 보고 그것에 대한 자세한 정보를 기록하고 느낌도 적어서 집으로 돌아왔습니다.
　'이걸 어떻게 정리해서 보고서로 쓰지?'

 여러분은 어떻게 보고하나요?
　지금까지 익히고 연습한 의사 전달 방법을 쓰면 여러분은 충분히 그 보고서를 잘 쓸 수 있을 것입니다.

　"저는 국립 중앙 박물관에 갔었습니다. 거기에는 많은 유물들이 있는데, 특히 신라 시대 금관이 아주 멋있었습니다. 커다란 날 출(出)자 모양의 장식 판에 나뭇잎처럼 생긴 장식들이 많이 달려 있었습니다. 또 탑도 있었는데, 높이가 십 미터가 넘고 우아했습니다. 김홍도의 〈서당도〉를 보고는 그때

당시에는 이렇게 공부를 했구나 하고 고개를 끄덕이기도 했답니다."

 박물관에서 무엇을 보고 왔나요?

　국립 중앙 박물관을 견학하고 적어 온 내용을 시대별로 따라 정리하면 전체의 윤곽을 알 수 있습니다.

　(1) 신라 시대: 금관(날 출자처럼 생긴 장식 판이 3단으로 되어 있고, 구부러진 옥과 나뭇잎처럼 생긴 장식이 달려 있음.)

　(2) 고려 시대: 경천사지 10층 석탑(국보 86호로 높이가 13.5m. 기와집처럼 생긴 탑인데, 각 층마다 부처님, 보살님, 용, 꽃 등이 새겨져 있어 장식성이 아주 뛰어남. 조선 시대 원각사 탑을 만들 때 이 탑의 모양을 본떠서 만들었다고 함.)

　(3) 조선 시대: 〈사당도〉(김홍도가 그렸음. 1745년에 태어나 1810년경에 세상을 떠난 김홍도는 조선 시대의 유명한 화가로 우리 백성들의 풍속을 그렸음. 이 그림 내용은 그때의 서당 풍경인데, 훈장님과 학생들의 표정과 모습들이 아주 재미있음.)

박물관에서 적어 온 것을 바탕으로 다시 쓴 보고서

(1) 견학 일시: 2017년 7월 14일 금요일 오후 2~5시.

(2) 장소: 국립 중앙 박물관(서울 용산구에 있습니다.)

(3) 내용: 시대 순서대로 정리했습니다.

① 신라 시대: 금관 – 날 출자처럼 생긴 장식 판이 3단으로 되어 있고, 구부러진 옥과 나뭇잎처럼 생긴 장식이 달려 있습니다.

② 고려 시대: 경천사지 10층 석탑 – 국보 86호로 높이가 13.5m입니다. 기와집처럼 생긴 탑인데, 각 층마다 부처님과 보살님, 용과 꽃 등이 새겨져 있습니다. 조선 시대 원각사 탑을 만들 때 이 탑의 모양을 본떠서 만들었다고 합니다.

③ 조선 시대: 사당도 – 1770년대에 김홍도가 그렸습니다. 김홍도는 조선 시대의 화가로 우리 백성들의 풍속을 많이 그렸습니다. 이 그림 내용은 그때의 서당 풍경인데, 훈장님과 학생들의 표정과 모습들이 아주 재미있습니다.

 문제점

이번에 국립 중앙 박물관을 견학하고 와서 문제점이 있다는 것을 알았습니다.

첫째, 우리가 우리 문화재를 너무 모른다는 것입니다. 이런 문화재들을 많이 보고, 배우고, 잘 보존해서 우리 후손들에게 잘 물려주어야 한다고 생각했습니다.

둘째, 박물관을 견학하려면 먼저 보러 갈 유물에 대해서 공부를 하고 가야 한다고 생각합니다. 무턱대고 가서 무작정 구경만 한다면 수박 겉 핥기식의 박물관 견학이 될 수밖에 없기 때문입니다. 이상 보고를 마치겠습니다.

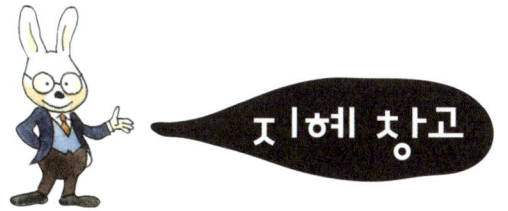

'보고' 할 때 가장 중요한 것은 '사실인가, 의견인가'를 구분해야 한다는 것입니다. 객관적인 사실에 자신의 감상이나 느낌을 섞어 보고하면 상대는 무엇이 사실이고 무엇이 여러분의 의견인지 알 수가 없을 것입니다. 그래서 '보고서'에는 문제점이나 느낀 점, 감상은 적지 않습니다. 또한 알기 쉽게 전달하는 것도 중요합니다.

47 여름 방학 여행 보고할 때

 너나 할 것 없이 방학은 즐겁습니다. 특히, 여름 방학 때에는 산으로, 바다로 가족과 함께 여행을 떠날 계획을 세우고 한껏 기대에 부풀기도 합니다. 여행을 떠났던 친구들은 방학이 끝나고 검게 그을린 모습으로 교실에 나타나기도 합니다.

 그런데 여름 방학 동안 어디에 갔었는지, 어떻게 지냈는지 친구들에게 어떻게 이야기(보고)해야 할까요? 여름 방학 여행에 대한 보고서는 어떻게 써야 할까요?

여러분은 어떻게 이야기(보고)하나요?
용우의 이야기(보고)는 감상뿐이고 여행의 구체적인 내용은 전달되지 않았습니다.

사람들은 엄청 많았지만, 부산 해운대의 야경은 너무나 아름다웠어. 난생 처음 보는 바다였거든. 수영도 하고 회도 먹었다. 모터 보트도 탔는데, 정말 신났어. 너무너무 즐거웠어.

근데 부산에서는 며칠을 지냈니?

부산엔 언제 갔었는데?

누구랑 갔었어?

 용우의 육하 원칙에 따른 여름 방학 여행 메모 내용

(1) 누가: 아빠, 엄마, 나

(2) 언제: 2017년 8월 8일~2017년 8월 12일

(3) 어디서: 부산(이모님 댁)

(4) 무엇을: 해수욕(해운대 해수욕장)

(5) 어떻게: 열차

(6) 왜: 여름 휴가

수정하고 보완해서 다시 한 용우의 이야기(보고)

"용우야, 부산엔 누구랑 갔니?"

"아빠랑, 엄마랑, 나랑 셋이 갔어."

"부산에는 언제 갔었니?"

"팔월 팔일에 내려갔다가 팔월 십이일에 올라왔어."

"부산에서는 어디에 가서 무엇을 했니?"

"내려간 날은 부산에 사시는 이모네 집에서 보냈고, 다음 날에는 이모부랑, 이모랑, 사촌 누나랑 함께 해운대에 가서 해수욕을 했지. 사촌 누나한테 수영도 배우고 말이야."

"그런데 부산엔 어떻게 갔니?"

"응, 서울역에서 KTX를 타고 갔어."

"왜 간 건데?"

"아빠랑 이모부랑 휴가 날짜를 맞추셨대. 그래서 두 가족이 함께 여름 휴가를 보내려고 간 거야. 그리고 그 다음 날에는 말이야……."

이렇게 연습하세요.

"저는 아빠, 엄마와 함께 팔월 팔일부터 십이일까지 부산에 다녀왔습니다. 지금부터 부산 여행에 대해 보고하겠습니다. 팔월 팔일 오전 열한 시에 서울역에서 KTX를 타고 떠나서 오후 한 시 사십구 분에 부산역에 도착했습니다. 우리는 마중 나온 이모부 자동차를 타고……. 이것으로 가족과 함께 한 저의 여름 방학 여행에 대한 보고를 마치겠습니다."

보고할 때, 전달할 내용이 많으면 상대가 먼저 예측을 할 수 있도록 유도한 후, 여행의 구체적인 부분을 보고하고 마지막에는 간결하게 정리하고 마칩니다. 문장을 짧게 쓰는 것도 잊지 말아야 합니다.

48 긴급 연락 보고하기

　진표는 학교에서 수업을 마치고 집으로 돌아오는 길입니다. 건널목 앞에 섰습니다. 빨간불이 꺼지고 파란불이 들어왔습니다. 그런데 인라인 스케이트를 탄 어떤 남자 아이가 휙 앞질러 갔습니다. 그런데 '쾅', '끼익' 소리와 함께 그 아이가 쓰러지고 자동차가 멈추었습니다. 사고를 목격한 진표는 재빨리 달려가서 공중 전화로 경찰서에 신고를 했습니다. 그러나 진표는 너무 당황해서 전달해야 할 것들을 제대로 전달하지 못했습니다.

　이런 사고가 났을 때 경찰관은 최대한 빠르게 현장에 와야 합니다. 왜냐하면 사람의 생명이 달려 있기 때문입니다. 그렇다면 신고는 어떻게 해야 할까요?

경찰관이 사고 현장으로 출동할 수 있을까요?

여보세요. 경찰서죠?
큰일났어요. 사고가 났어요.
자동차랑 아이랑 부딪혔어요.
빨리 와 주세요, 어서요!

얘, 진정해라.
사고가 어디서 났니?
다친 사람은….

 사고에 대한 정보를 재빨리 정리해 보세요.

목격자: 강진표, 대일초등학교 6학년, 학교에서 집으로 가던 도중에 목격했음.

⑴ 누가 관련되었는가? (Who)
① 피해자: 소년, 약 10세, 인라인 스케이트를 신고 있음.
② 가해자: 아주머니, 약 40세, 하얀색 승용차를 타고 있음.
⑵ 언제 일어났는가? (When): 2~3분 전.
⑶ 어디서 일어났는가? (Where): 맛나 제과점 앞 건널목.
⑷ 무엇이 일어났는가? (What): 자동차와 소년의 접촉 사고.
⑸ 어떤 상황인가? (How): 쓰러진 소년은 피를 흘리고 있음.
⑹ 왜 일어났는가? (Who): 소년은 좌우를 살피지 않았고, 아주머니는 신호등이 파란불로 바뀐 것을 미처 알지 못 했음.

경찰서에 긴급 연락을 할 때는 가장 중요한 내용만 전달해야 합니다.

사고 현장을 목격하고 경찰서에 긴급 연락을 할 때는 가장 중요한 내용만 육하 원칙(5W1H)에 따라 신속하고 정확하게 전달해야 합니다.

사고를 목격하고 신고한 진표의 역할은 경찰관이 최대한 빠르게 현장에 출동하게 도와 주는 것입니다. 그러기 위해서는 가장 필요한 정보만을 골라서 침착하고도 정확하게 전달해야 합니다.

(1) 사고 현장은 어디인가?
(2) 구급차가 필요한가?
(3) 나중에 자세한 상황을 전달하기 위해 신고자의 신분을 밝힐 것.

이렇게 연습하세요.

"여보세요. 경찰서죠? 이, 삼 분 전에 맛나 제과점 앞 건널목에서 사고가 났어요. 자동차와 인라인 스케이트를 타고 가던 아이가 부딪쳤어요. 인라인 스케이트를 타고 가던 아이가 쓰러졌는데 기절했어요. 피도 흘려요. 저는 대일초등학교 육학년인 강진표예요. 어서 빨리 오세요!"

경찰서에 긴급 연락을 해야 할 때는 상대의 입장이 되어 생각해 보세요.

'경찰관은 어떤 정보를 원할까? 가장 먼저 무엇에 대해 알고 싶어할까?'

급박한 상황에서는 무엇을 가장 먼저 보고하느냐가 중요합니다. 무엇을 어떻게 신속하게 전달해야 하는가를 알면 당황하지 않고 침착하게 대응할 수 있습니다.

49 개인마다 다른 느낌과 생각

여러분, 아버지와 어머니, 형제, 자매는 모두 한 가족입니다. 한 지붕 아래서 한솥밥을 먹고 살지만 생각은 모두 다릅니다. 이 세상에 여러분과 완전히 똑같은 생각을 가지고 있는 사람은 아무도 없습니다. 아무리 친한 친구라 해도 마찬가지입니다.

똑같은 사물을 보아도 보는 사람마다 각각 느낌과 생각이 다릅니다.

여기에서는 각 개인이 사물을 보고 그 느낌, 생각이 각각 다르다는 것을 함께 생각해 보겠습니다.

같은 것을 보아도 각 개인의 느낌과 생각은 모두 다릅니다.

아버지와 세준이는 같은 영화관에서 같은 영화를 보았습니다. 두 사람은 가족이지만 느낌과 생각은 각각 다릅니다.

얼마 전 일요일, 세준이는 아버지와 함께 영화관에 갔습니다. 요즘 인기 있는 공상 과학 영화를 보러 간 것입니다.

(1) 영화가 시작되기 전

① 아버지: 난 SF 영화를 좋아하지만 지금까지 재미있게 본 영화가 없어. 이 영화는 재미있었으면 좋겠는데.

② 세준: 난 공상 과학 영화가 좋아. 그런데 이 영화는 전에 봤던 영화랑은 어떻게 다를까? 기대가 돼.

(2) 영화 시작 1시간 후

① 아버지: 와, 이거 생각했던 것보다 재미있는데. 공상 과학 영화인데도 철학적인 사상이 잘 나타나 있네. 이거야말로 진정한 SF 영화네!

② 세준: 공상 과학 영화인데 내용이 뭐 이래. 내용이 점점 더 어려워져.

(3) 영화가 끝나고

① 아버지: 와, 이 SF 영화는 기대 이상인 걸. 정말 재미있었어. 보러 온 보람이 있어.

② 세준: 재미있을 거라고 잔뜩 기대가 컸는데……. 내용이 어려워서 뭐가 뭔지 하나도 모르겠어.

여러분은 친구들이 '모두' 애완견을 좋아한다고 생각하나요?

수미는 강아지를 좋아합니다. 그러나 그것은 '나'만의 생각입니다.
윤경이는 강아지를 싫어합니다. 그러나 그것은 '나'만의 생각입니다.

와, 작고 귀여운 강아지네. 털도 복슬복슬하고. 아이, 귀여워. 난 이런 강아지가 무척 좋아.

악, 난 저런 강아지는 싫어. 털이 저렇게 복슬복슬한 강아지는 징그러워서 보기만 해도 소름이 끼쳐.

 이렇게 연습하세요.

"어머머, 얘 좀 봐. 윤경아, '모두'가 이런 애완견을 좋아해. 그런데 넌 참 별나구나."

"이런 애완견을 좋아한다니. 별난 건 수미, 너야. '모두'가 다 이런 애완견을 좋아하는 건 아니라고."

지혜 창고

우리는 주어를 생략하고 말하는 습관이 있어서 '나, 너'를 명확히 하는 것이 어려울 수 있습니다. 그래서 '나, 너'라고 해야 할 것을 무의식 중에 '모두'라고 하지 말아야 합니다.

그리고 똑같은 사물을 보거나 똑같은 노래를 들어도 사람마다 각각 생각과 느낌이 다르다는 것을 알아야 합니다.

그래서 내가 좋아하는 것을 상대가 싫어할 수 있고, 반대로 내가 싫어하는 것을 상대가 좋아할 수 있다는 것을 깨달아야 합니다.

50 시점 바꾸기

　여러분, 아버지나 어머니에게 여러분이 갖고 싶은 인형이나 축구화를 사 달라고 조른 적이 있지요? 그럴 때 아버지나 어머니의 입장을 생각해 보았나요?

　'난 지금 내가 갖고 싶은 걸 사 달라고 조르며 떼를 쓰고 있어. 그런 나를 보고 있는 아빠나 엄마는 어떤 심정일까?'

　이렇게 입장이 바뀌면, 시점이 바뀌면 여러분 생각은 어떻게 바뀔까요?

여러분과 아버지의 역할을 바꾸어 볼까요?

아버지가 민호가 되고, 민호가 아버지가 되어 보세요.

"아빠, 다음 주에 학급별 축구 시합이 있어요. 축구화 사 주세요."

"너, 지난 달에 축구화 샀잖아. 축구화가 어디 찢어졌니?"

"그건 아닌데, 맘에 쏙 드는 새 축구화가 나와서요."

"뽀다구 나는 신제품이 나와서 그걸 신고 멋지게 뛰고 싶다 이거니?"

"네, 아빠. 아빤 역시 족집게셔."

"민호야, 그건 욕심이야."

"네에?"

"너네 반 애들 모두 다가 축구할 때 축구화 신고 하니?"

"아니요. 운동화 신고 하는 애들이 더 많아요."

"그거 봐라. 맨 운동화를 신고 축구하는 애들을 생각하면, 축구화를 신고 축구하는 너는 참 복도 많은 애야. 그런데 또 새 축구화를 사 달라는 거니?"

"아빠, 제가 잘못했어요."

오빠, 언니, 동생, 친구와 역할을 바꾸어 봅시다.

용우는 동생이 되고, 동생은 용우가 되어 보세요.

"형, 나 숙제 좀 도와 줘."

"숙제는 너 스스로 해야지."

"그건 나도 알지만, 내가 할 수 없는 숙제야. 컴퓨터에서 찾아야 하는 숙제거든. 형은 컴퓨터 잘 하니까 도와 줘."

"너, 지난번에도 해 줬잖아."

"형 부탁이야. 딱 한 번만 해 줘."

"지난번에도 딱 한 번만이라고 해 놓고 또 한 번만이냐?"

 이렇게 연습하세요.

아버지와 여러분이 역할을 바꾸어 보았더니 어땠나요?

아버지에게 축구화를 사 달라고 조르던 자신의 모습을 생각해 보세요. 형에게 투덜대던 자신의 모습을 생각해 보세요.

이렇게 입장을 바꿔 생각해 보면 나만의 생각으로 상대에게 강요했던 것들이 기억날 것입니다. 이렇게 입장을 바꿔 생각해 보세요. 그러면 상대를 충분히 이해할 수 있게 된답니다.

지혜 창고

　서로 입장을 바꾸어 상대의 입장이 되어 생각해 보세요. 그러면 상대가 무엇을 하고 싶고 무엇을 안 하고 싶은지, 무엇을 좋아하고 무엇을 안 좋아하는지를 알게 될 것입니다. 그렇다면 내가 상대에게 어떤 도움을 주어야 할지를 깨닫게 될 것입니다. 서로가 그렇게 한다면 서로는 서로를 이해하고 꼭 필요한 서로가 될 것입니다.

　이렇게 서로가 다른 사람이 되어 상대의 느낌으로 느끼고, 상대의 생각으로 생각해 보았습니다. 이렇게 하면 시점이 바뀐다는 것을 배웠습니다. 시점이 바뀌면 내가 알 수 없었던 상대의 생각과 느낌을 알 수 있고, 사물이나 상대를 객관적으로 관찰하는 능력을 키워 줍니다.